C.H.BECK WISSEN

Münzen sind ein Stück Kulturgeschichte der Menschheit. Bernd Kluge beschreibt, wie die Griechen im 7. Jahrhundert v. Chr. das Metallgeld erfanden und schon nach kurzer Zeit zu einem künstlerischen Höhepunkt führten. Kaiser Augustus etablierte um die Zeitenwende ein gestaffeltes Münzsystem mit den drei Metallen Gold, Silber und Kupfer, das bis in die Neuzeit fortwirkte. Im Hochmittelalter wuchs vor allem im römisch-deutschen Reich die Zahl der Münzstätten und Münzherren und führten zu einer bis ins 19. Jahrhundert fortbestehenden faszinierenden Vielfalt an Münzen und Währungen. Mit der Verbreitung des Papiergeldes seit dem späten 19. Jahrhundert wurde das Münzgeld allgemein zum «Kleingeld» und nahm in seiner Bedeutung stark ab. Zwar steigt gegenwärtig die Zahl der Gedenk- und Sondermünzen weltweit stetig, aber es scheint nur eine Frage der Zeit zu sein, bis die Münze aus dem Zahlungsverkehr verschwindet.
Bernd Kluge berücksichtigt in seiner Münzgeschichte auch die außereuropäischen Münzen von der islamischen Welt bis Fernost. Einleitend werden die Grundbegriffe der Numismatik erläutert. Mehr als 150 Abbildungen der wichtigsten Münzen aus 2500 Jahren komplettieren diese einzigartige kleine Numismatik für Sammler, Liebhaber und historisch Interessierte.

Bernd Kluge war bis 2014 Direktor des Münzkabinetts der Staatlichen Museen zu Berlin – Preußischer Kulturbesitz und Honorarprofessor für Numismatik des Mittelalters an der Humboldt-Universität zu Berlin.

Bernd Kluge

MÜNZEN

Eine Geschichte von der Antike bis zur Gegenwart

Verlag C.H.Beck

Mit 151 Abbildungen

Fotos: Münzkabinett der Staatlichen Museen zu Berlin
(Reinhard Saczewski; Fotostudio Lübke & Wiedemann, Stuttgart;
Dirk Sonnenwald, Hamburg)

Originalausgabe

Gesamtherstellung: Druckerei C.H.Beck, Nördlingen
Gestaltung der Bildtafeln: hawemannundmosch, Berlin
Umschlaggestaltung: Uwe Göbel, München
Umschlagabbildung: Preußen, Friedrich der Große, 8 Gute Groschen
1755. Münzkabinett Berlin. 18219518. Foto: Dirk Sonnenwald
Printed in Germany
ISBN 978 3 406 69774 6

www.chbeck.de

Inhalt

Vorbemerkung 7

I. Münze und Geld – Grundbegriffe der Numismatik 8

1. Was ist eine Münze? 9
2. Münztechnik 11
3. Münznominale und Münznamen 12
4. Münzfälschungen 13
5. Münze und Medaille 14
6. Numismatik 15
7. Münzfunde 17
8. Münzsammeln und Münzhandel 18

II. Münzen der Antike 20

1. Anfänge und künstlerische Blüte bei den Griechen 20
2. Münzen der Kelten 27
3. Die Römische Republik (3. Jahrhundert – 30 v. Chr.) 28
4. Die Reichswährung der römischen Kaiserzeit (30 v. Chr. – 284 n. Chr.) 30
5. Münzen der Spätantike (284–500) 32
6. Münzen der Parther und Sasaniden 34

III. Münzen des Mittelalters 35

1. Europa von der Spätantike zum Frühmittelalter (500–750) 35
2. Das Zeitalter des Denars (750–1250) 37
3. Differenzierte Münzsysteme (1250–1500) 43
4. Münzen des Byzantinischen Reiches (498–1453) 52
5. Islamische Münzen (7.–15. Jahrhundert) 55

IV. Münzen der Neuzeit **58**
1. Altes Reich und Deutschland 60
2. Österreich und die Länder der Donaumonarchie 66
3. Schweiz 68
4. Italien 69
5. Spanien und Portugal 70
6. Niederlande, Belgien, Luxemburg 72
7. Frankreich 73
8. England und Vereinigtes Königreich 75
9. Skandinavien 77
10. Polen 79
11. Ungarn und Südosteuropa 80
12. Russland 81
13. Amerika 82
14. Afrika 85
15. Der Nahe und Mittlere Osten 86

V. Münzen des Fernen Ostens **89**
1. Indien 89
2. Südostasien 91
3. China 92
4. Japan und Korea 94

VI. Moderne Münzen **95**
1. Das 20. Jahrhundert 95
2. Übersicht über die gegenwärtigen Münzen der Welt 99

Literaturhinweise 107
Abbildungstafeln I–XVIII 111

Vorbemerkung

Es gehört zum Konzept der Reihe C.H.Beck Wissen, große Themen auf knappem Raum darzustellen. Die Erstreckung über 2500 Jahre Menschheitsgeschichte und beinahe jeden bewohnten Winkel der Erde macht die kleine Münze zu einem großen und äußerst vielgestaltigen Thema, das in einem solchen Abriss nicht annähernd auszuschöpfen ist. Die Kunst der Darstellung ist also in erster Linie die Kunst des Weglassens und Beschränkens. Dennoch war es das Ziel, neben den großen Entwicklungslinien ebenso alle Erdteile zu berücksichtigen, um ein kleines Münzkompendium zu bieten, das auch die Grundbegriffe der Numismatik enthält und zum Nachschlagen taugt.

Auf separaten Tafeln am Ende des Buches sind die Abbildungen zu einem chronologisch-thematischen Querschnitt der Münzprägung arrangiert. Zahlen in eckigen Klammern verweisen im Text auf die abgebildeten Münzen. Alle Abbildungen (mit Ausnahme der Anlagegoldmünzen Nr. 148–151) geben Münzen aus dem Bestand des Münzkabinetts der Staatlichen Museen zu Berlin wieder. Aus Platzgründen konnte meist nur eine Münzseite abgebildet werden. Die zweite Seite und nähere Erläuterungen können bequem online im Interaktiven Katalog des Münzkabinetts eingesehen werden (ww2.smb/museum/ikmk). Bei der Suche muss die zu jeder Münze angegebene achtstellige, mit 182 beginnende Objektnummer eingegeben werden. Der ständig wachsende Interaktive Münzkatalog des Münzkabinetts Berlin bietet darüber hinaus mit gegenwärtig über 26000 weiteren Objekten reiches Material für eine vertiefende Beschäftigung mit den Münzen aller Zeiten und Weltteile.

I. Münze und Geld – Grundbegriffe der Numismatik

Die Münze ist eine der genialsten Erfindungen der Menschheit, denn sie vereinfachte ziemlich komplizierte Vorgänge: das Einvernehmen von Käufer und Verkäufer sowie die Beschaffung, Anhäufung und Aktivierung von Vermögen. Vor allem aufgrund ihres Edelmetallgehalts und erst in zweiter Linie durch staatliche Garantie hat die Münze diese klassischen Funktionen des Geldes von der Antike bis zum Ersten Weltkrieg praktisch unverändert ausgeübt, auch wenn sie diese Aufgaben seit dem 18. Jahrhundert zunehmend mit Geldscheinen und Banknoten teilte und dabei allmählich zum «Kleingeld» wurde.

Heute ist die Münze nur noch Kleingeld und stellt keinen eigenen, sondern nur noch einen staatlich garantierten Wert dar. Wenn wir beim Einkauf nach Münzen kramen, ist das eher lästig und insgesamt sind wir immer weniger auf Bargeld, noch seltener auf Münzgeld angewiesen. Die Münze hat eigentlich ausgedient, und ihre Abschaffung ist keine ganz unrealistische Perspektive. So weit ist es noch nicht gekommen, und es kann nicht schaden, etwas mehr über den Weg eines treuen und geschätzten Begleiters der Menschen seit mehr als zweieinhalb Jahrtausenden zu erfahren.

Die Münze ist nicht nur Geld, sie ist auch ein Stück Kulturgeschichte der Menschheit und spiegelt in ihren Bildern und Inschriften so gut wie alles, was mit dem Leben, Glauben, Handeln ihrer Zeitgenossen zu tun hat, wobei sie keineswegs unparteiisch ist: Herrscher werden weitaus öfter abgebildet als Beherrschte, Männer öfter als Frauen, Sieger öfter als Besiegte. Und sie ist buchstäblich Geschichte zum Anfassen. Wo und wie kann man sonst noch so direkt mit den «Großen» der Welt – Alexander dem Großen, Karl dem Großen oder Friedrich dem Großen – in Kontakt treten und sie sogar in die Hand nehmen? Wer von Geschichte fasziniert ist, dem können Münzen viel erzählen.

I. Was ist eine Münze?

Das Wort Münze geht auf das Lateinische *moneta* zurück. Eine Münze ist – auf die einfachste Formel gebracht – staatliches Metallgeld. Sie war und ist nicht die einzige Geldform, aber die historisch langlebigste und am weitesten verbreitete. Eine Münze wird bis heute durch Prägung hergestellt. Sie besitzt in der Regel Vorder- und Rückseite (*Avers* und *Revers*), seltener nur eine Seite, wie bei mittelalterlichen Brakteaten und neuzeitlichen Hohlpfennigen, tritt meist in runder bzw. annähernd runder Form auf und kann durch Sekundärmerkmale, wie etwa *Gegenstempel* oder *Probemarken*, nachträglich verändert werden.

Eine Münze besteht aus *Metall*, wobei die ersten Münzen im 7. Jahrhundert v. Chr. aus Elektron, einer natürlich vorkommenden Legierung aus Gold und Silber, hergestellt wurden. Vermutlich unter dem wegen seines Reichtums noch heute sprichwörtlichen Kroisos (Krösus), einem König des 6. Jahrhunderts v. Chr. im westlichen Teil der heutigen Türkei (Lydien), wurde die Elektronprägung durch eine separate Prägung von Gold- und Silbermünzen abgelöst. Die Römer fügten den beiden Münzmetallen *Gold* und *Silber* das *Kupfer* hinzu, das teils rein, teils zu *Bronze* bzw. *Messing* verarbeitet benutzt wurde. Bronze ist eine Legierung aus Kupfer und Zinn, Messing eine Legierung aus Kupfer und Zink. Als *Billon* bezeichnet man Silber, das zu mehr als 50 Prozent mit Kupfer versetzt wurde. Seit dem 19. Jahrhundert ist *Nickel* als Münzmetall hinzugekommen und das Gros der modernen Münzen besteht aus verschiedenen Nickel-Legierungen mit Aluminium, Kupfer und Zink. Das häufig verwendete sog. *Neusilber (German Silver)* ist eine Kupfer-Nickel-Zink-Legierung.

Im Zeitalter der Edelmetallmünzen war der *Münzfuß* eine wichtige Sache. Er bestimmte sehr genau *Schrot* und *Korn*, d. h. das Gewicht *(Rauhgewicht)* und den Edelmetallgehalt *(Feingewicht)* einer Münze. Er wurde vom *Münzherrn* festgesetzt und war die für dessen Territorium geltende Rechtsvorschrift.

Prägeberechtigter Münzherr ist heute der Staat. In Antike, Mittelalter und Früher Neuzeit waren es die jeweiligen Landesherren, die als Inhaber der höchsten Gewalt *(supremus princeps)* auch das ihnen zustehende *Münzrecht* ausübten: Im Römischen Reich die Kaiser, in Monarchien die Könige, in weniger zentralisierten Staaten auch regionale oder lokale Gewalten (Herzöge, Grafen, Bischöfe, Äbte, Städte etc.). Münzprägung wurde bis in das 18. Jahrhundert als gewinnbringendes Gewerbe verstanden. Dieser Gewinn stand dem Münzherrn als *Münznutzen* bzw. *Schlagschatz* (lat. *monetagium*) zu. Zu Zeiten Karls des Großen wurde etwa ein Schlagschatz von zehn Prozent als normal empfunden, wobei fünf Prozent auf die Prägekosten entfielen und fünf Prozent als eigentlicher Gewinn abfielen. Die über eigene Edelmetallvorkommen verfügenden Münzherren zogen aus dem Münzgeschäft einen größeren Nutzen als jene, die auf den Kauf des Münzmetalls angewiesen waren. Letztere gaben daher bisweilen gerne der Versuchung nach, durch verringertes Feingewicht der Münzen ihre Gewinnmargen zu steigern. Bekanntestes Beispiel dafür ist die *Kipper-und-Wipper-Zeit* zu Beginn des Dreißigjährigen Krieges. Neben ihrer wirtschaftlichen Bedeutung kam der Münzprägung auch ein hoher Prestigewert als Ausdrucksmittel von Herrschaftsansprüchen zu. Römische Gegenkaiser, islamische Potentaten oder deutsche Kleinfürsten gaben zu Regierungsantritt gerne eigene Münzen aus, um sich bekannt zu machen und Regierungsgewalt zu demonstrieren.

Bild und Schrift bilden das *Gepräge* einer Münze. Die Schrift kann als umlaufende Umschrift oder Inschrift angebracht sein, was mit dem Terminus technicus *Legende* bezeichnet wird. Von der Römerzeit bis in das 18. Jahrhundert ist die Sprache der Münzen Latein.

Als Faustregel zur Unterscheidung von Avers und Revers, Vorder- und Rückseite, kann gelten, dass Avers bzw. Vorderseite immer die hoheitsrechtlich entscheidende Seite ist, also die Seite, die den Münzherrn nennt, gleich ob antiker Herrscher, mittelalterliche Stadt, neuzeitlicher Fürst oder moderner Staat.

Kursfähiges *Geld* ist eine Münze im Hoheitsgebiet des jeweiligen Münzherrn. Heute sind das die Nationalstaaten oder Währungsgemeinschaften. In Antike, Mittelalter und Früher Neuzeit waren diese Gültigkeitsbereiche wesentlich kleiner und reichten oft nicht über die Stadtgrenzen hinaus. Münzen wurden daher viel genauer geprüft und selten unbesehen angenommen. Gedruckte *Mandate* enthielten genaue Kurswerte für fremde Münzen und verbreiteten Steckbriefe verbotener Münzen. Gutes und schlechtes Geld konnte durch auf die Münzen eingeschlagene Gegenstempel *(Kontermarken)* unterschieden werden, etwa bei den böhmischen Groschen des 14. Jahrhunderts [68] oder den deutschen Doppelschillingen der Kipperzeit. Solche Kontermarken konnten aber auch eine Veränderung des Geldwertes anzeigen (wie bei den spanischen und portugiesischen Münzen des 17. und 18. Jahrhunderts) oder fremdes Geld legalisieren (wie etwa deutsche Taler im Russland des 17. Jahrhunderts, die sog. *Jefimoks* [108]).

2. Münztechnik

Münzen werden in spezialisierten Betrieben, den *Münzstätten* (engl. *mints*), hergestellt. In Deutschland existieren – als Erbe der territorialstaatlichen Vergangenheit – noch fünf von ihnen, obwohl angesichts des hohen Automatisierungsgrads und entsprechender Ausstoßquoten heute eine einzige ausreichend wäre. Wenn man sich unsere Euromünzen genauer anschaut, kann man auf der Rückseite neben oder unter der Jahreszahl das Zeichen der Münzstätte entdecken: A = Berlin, D = München, F = Stuttgart, G = Karlsruhe, J = Hamburg.

In früheren Zeiten war *Münzherstellung* schwere Handarbeit und entsprechend arbeitskräfteintensiv. In der Herstellungstechnik hat sich von der Antike bis in das 16. Jahrhundert kaum etwas geändert. Zunächst musste das Münzmetall in die richtige Legierung und Form gebracht werden. Dazu wurde es geschmolzen und in Formen gegossen bzw. geschnitten. Ein so vorbereitetes Metallstück (Platte oder Streifen) nennt man *Zain* oder *Zaine*. Aus der Zaine wurden die *Schrötlinge* ausgeschnitten oder ausgestanzt. Schrötlinge sind die Münzrohlinge, d. h. Metallplättchen in der Form und dem Gewicht der späteren Münze, aber noch ohne Bild. Das Münzbild wurde dem Schrötling im Prägevorgang aufgedrückt. Hierzu wurde der Schrötling auf den meist fest in einen Block oder Amboss eingelassenen *Unterstempel* gelegt. Dann wurde von Hand der *Oberstempel* aufgesetzt und mit Hammerschlägen die Münze geprägt, d.h. das Metall des Schrötlings durch kalte Verformung in die Vertiefungen der Stempel getrieben, und so das Münzbild erzeugt. Auf den Stempeln – Oberstempel *(Eisen)*, Unterstempel (*Stock*) – befindet sich das Münzbild in negativer, spiegelbildlicher Form. Münzstempel wurden entweder durch freie Gravur (geschnitten) oder mittels Bild- und Schriftpunzen hergestellt. Runde Stempel wurden zu besonderen Zwecken auch auf viereckigen Schrötlingen abgeschlagen, sog. *Klippen* (von schwed. *klipping*, abschneiden). Bisweilen wurden für Klippen aber auch eigens viereckige Stempel hergestellt (etwa für Schießprämien). Unregelmäßige Münzformen sind auch ein Ausdruck von Notzeiten, in denen man zwar Geld benötigte, ein regulärer Münzbetrieb jedoch nicht möglich war (wie etwa bei Belagerungen von Städten und Festungen).

Seit dem 17. Jahrhundert nahm die Mechanisierung der Münzproduktion zu. Die Hammerprägung wurde durch Walzwerke (Taschenwerke), Fallwerke (Klippwerke) und Spindelpressen (Balanciers) ersetzt, was eine sehr viel schnellere und gleichmäßigere Münzprägung erlaubte. 1817 konstruierte der deutsche Ingenieur Dietrich Uhlhorn (1764–1837) in Grevenbroich die erste automatische Münzprägemaschine als *Kniehebelpresse*. Die Uhlhorn'schen Kniehebelpressen brachten es um 1900 auf eine Leistung von 50–70 Münzen pro Minute. Eine Münzprägemaschine in der Münzstätte Berlin hat heutzutage einen Ausstoß von 800–900 Münzen pro Minute.

3. Münznominale und Münznamen

Eine Münze verkörpert einen bestimmten *Zahlwert (Nominal)*. Heute ist dieser Wert den Münzen aufgeprägt und leicht zu ermitteln. Solche Wertbezeichnungen fanden aber erst seit dem 17. Jahrhundert häufiger und erst seit dem 19. Jahrhundert regelmäßig Verwendung. Wir erfahren also von vielen Münzen nicht, welchen Nominalwert sie in ihrer Zeit verkörperten. Bei

Talern und größeren Silbermünzen war dieser Wert bis zum 19. Jahrhundert, bei Goldmünzen bis heute, durch den enthaltenen Edelmetallanteil festgelegt. Trotzdem mussten diese Münzen im Zahlungsverkehr ja benannt und unterschieden werden. Zahlreiche Münztypen haben ihren *Namen* nach ihrem Äußeren oder Bild, nach Metall oder Herkunft erhalten. Die athenischen Tetradrachmen wurden wegen ihres Münzbildes *Eulen* [6] genannt. *Aureus* [24] (lat. der Goldene) und *(Gold)Gulden* [78–79] haben ihren Namen von ihrem Metall, der *Solidus* [32, 42, 49] (lat. für gediegen) und der *Brakteat* [59] (lat. für dünnes Silberblech) von ihrer Beschaffenheit. Der *Groschen* ist von lat. *grossus* (groß, dick) abgeleitet, weil die ersten Groschen im 13. Jahrhundert für die Menschen dieser Zeit ungewöhnlich große und dicke Münzen waren [66–67]. Der *Dukat* [77] heißt nach dem in der Aufschrift verwendeten Wort *Ducatus* (lat. für Herzogtum), der Taler nach der Herstellung im böhmischen *Joachimstal* [105]. Auch der *Heller* [60] hat seinen Namen nach seinem Ursprungsort, der Stadt Schwäbisch-*Hall*. Viele Münzen haben zeitgenössische Namen nach ihren Bildern, so *Kreuztaler*, *Laubtaler* [111], *Mariatheresientaler* [109], *Händleinsheller* [60], *Mariengroschen*, *Petermännchen* und viele andere.

Die bildreichen deutschen Taler haben nach ihrem Münzbild vor allem unter Sammlern gebräuchliche Namen. So gibt es unter den zahlreichen Talern der braunschweigischen Herzöge etwa *Brillen-*, *Glocken-*, *Licht-*, *Rebellen-*, *Ross-*, *Wahrheits-*, *Wespen-* oder *Wildemanntaler*, und ein preußischer Taler heißt wegen seiner missglückten Adlerdarstellung spöttisch *Papageientaler*.

4. Münzfälschungen

Häufiger findet man Verbiegungen, Einritzungen, Kerben oder Einhiebe auf antiken und mittelalterlichen Münzen, die auf diese Weise recht verunstaltet sein können [9]. Dies sind zumeist *Probemarken* misstrauischer Kunden, die sich von der Solidität des Geldes überzeugen wollten, bevor sie es annahmen. Denn so alt wie die Münzprägung ist die *Münzfälschung*. Fast immer handelt es sich dabei um den Versuch, minderwertige, d.h.

Münzen mit geringerem Edelmetallgehalt in den Verkehr einzubringen. Die gebräuchlichsten Methoden in Antike und Mittelalter sind sog. *subaerate* oder *plattierte* Münzen. In beiden Fällen überzieht eine nur dünne Schicht Gold oder Silber einen Kern aus unedlem Metall. Durch Biegen, Ritzen oder Kerben kann man feststellen, ob eine Münze nur einen Edelmetallüberzug besitzt oder aus massivem Edelmetall besteht. Bei den Germanen waren daher unter den römischen Münzen die sog. *Serrati* (lat. *serra*, Säge), am Rand sägeartig gezahnte Silberdenare, besonders beliebt. Ein großer Teil der in der Wikingerzeit in den Ostseeraum gelangten deutschen und englischen Münzen weisen Messereinstiche *(peckmarks)* auf. Goldmünzen wurden bis in die Neuzeit durch Biegen und Beißen geprüft.

Auf Münzfälschung stand in der Regel die Todesstrafe, nur in leichteren Fällen kam der Täter mit Leibesstrafen, etwa dem Abhacken einer Hand, davon. Falsch münzende Münzmeister wurden im Mittelalter in einen Kessel mit siedendem Öl geworfen. Einen solchen Kessel kann man an der Fassade des Rathauses in der niederländischen Stadt Deventer noch heute bewundern.

Von den zeitgenössischen, für den Geldverkehr bestimmten Fälschungen zu trennen sind *neuzeitliche Fälschungen*, die zum Schaden von Münzsammlern hergestellt werden. Bei diesen Fälschungen wird in der Regel auch nicht am Edelmetall gespart, denn der Sammlerwert vieler Münzen liegt ein Vielfaches über dem Materialwert. Von solchen Fälschungen genießen die des Isenburger Hofrats Carl Wilhelm Becker (1772–1830) aus Offenbach heute bereits numismatischen Kultstatus und sind ihrerseits begehrte Sammelobjekte.

5. Münze und Medaille

Die Funktion als staatlich garantiertes Zahlungsmittel unterscheidet die Münze von ihrer Schwester, der *Medaille*. Eine Münze ist immer, eine Medaille niemals Geld. Münzen darf nur der Staat, Medaillen darf jedermann herausgeben. Ansonsten sind sich Münzen und Medaillen auch heute noch in vielem ähnlich (Größe, Form, Material, Herstellungstechnik), auch wenn die moderne Medaille mit künstlerischem Anspruch die klassische runde Form vielfach aufgegeben hat und sich freieren Gestaltungsprinzipien öffnet. Entstanden ist die Medaille als Kunstform in der italienischen Renaissance und seit dem 16. Jahrhundert auch nördlich der Alpen heimisch. Die größte Nähe zur Münze besaß sie im 17. und 18. Jahrhundert, als Silbermedaillen des Öfteren im Taler- bzw. Mehrfachtalergewicht und Goldmedaillen häufig als *Dukatenmultipla* auftraten. Bisweilen wurden die Münzstempel und Medaillenstempel auch von den gleichen Personen geschnitten, wobei der Medailleur eher ein Künstler, der Münzstempelgraveur meist ein Handwerker war. Der Medailleur arbeitete nach eigenen Bildentwürfen, der Stempelschneider nach genauen Vorgaben anderer. Im 19. Jahrhundert gab es in der preußischen Münzstätte Berlin das Amt des *Münzmedailleurs*, der gleichermaßen für Münz- und Medaillenstempel verantwortlich zeichnete. Medailleure liefern auch heute noch häufig die Bildgestaltung für Gedenkmünzen.

6. Numismatik

Münzen sind eine der umfangreichsten materiellen Hinterlassenschaften der Menschheitsgeschichte. Sie stehen auch für Zeiträume, Orte und Völker zur Verfügung, von denen wir aus anderen Quellen nur wenig wissen. Das macht sie als historische Quelle in einzigartiger Weise interessant. Man kann Münzen ohne Übertreibung als eine metallene Geschichtschronik bezeichnen. Die Entschlüsselung und Deutung dieser Chronik ist Aufgabe einer eigenen Wissenschaftsdisziplin, der *Numismatik* (von gr. *nomisma*, lat. *nummus* = Münze).

Gegenstand der Numismatik ist die Münze in allen ihren sachlichen, chronologischen und geographischen Erscheinungsformen und Bezügen. Die Numismatik ist in erster Linie *Münzkunde*, in zweiter Linie *Münzgeschichte* und in dritter Linie *Geldgeschichte*. Münze ist immer Geld, aber umgekehrt tritt Geld nicht immer nur in Form von Münzen auf. Münzgeld ist nur eine von vielen Geldformen, wenn auch die gebräuchlichste und in Europa seit dem 5. Jahrhundert v. Chr. die allgemein übliche.

Aufgabe der Numismatik ist die wissenschaftliche Bearbeitung von Münzen, Münzfunden und anderen damit in Zusammenhang stehenden Zeugnissen sowie deren Interpretation als historische Quellen.

Während für die Numismatik in der Neuzeit der münz- und geldgeschichtliche Aspekt im Vordergrund steht, ist für Antike und Mittelalter die Münze nicht nur als Geld, sondern vor allem als zeitgenössisches Bild- und Schriftdokument von Bedeutung. In einer an Schrift- und Bildquellen armen Zeit füllt die Münze eine Lücke in der historischen Überlieferung, deren sachgerechte Interpretation nur die Numismatik leisten kann.

Die Numismatik kann für sich in Anspruch nehmen, eine der ältesten historischen Wissenschaften zu sein. Jedenfalls gab es bereits im 16. und 17. Jahrhundert eine eigene numismatische Literatur, die zunächst fast vollständig dem antiken Münzwesen, insbesondere den römischen Kaisermünzen gewidmet war. Im 18. Jahrhundert wurde Numismatik als «Münzbelustigung» betrieben. Davon legen die zahlreichen Taler-, Dukaten-, Gulden- und Groschenkabinette ebenso Zeugnis ab wie die von 1729–1750 wöchentlich erscheinenden *Historischen Münzbelustigungen* des Altdorfer Professors Johann David Köhler (1684–1755), die gelehrte und bis heute wertvolle historische Münzerklärungen bieten. Der Wiener Jesuit Johann Joseph Hilarius von Eckhel (1737–1798) leitete mit seiner 1792–1798 erschienenen *Doctrina numorum veterum* das Zeitalter der wissenschaftlichen Numismatik ein. 1801 erschien die erste Bibliographie zur Numismatik und 1838 der erste Band des *Numismatic Chronicle*, eine der bis zum heutigen Tage laufenden und renommiertesten numismatischen Zeitschriften.

An den Universitäten ist die Numismatik mit eigenen Instituten nur in Wien und Stockholm verankert. In Deutschland wird sie im Nebenamt, in Honorarprofessuren oder im Rahmen der wenigen noch existierenden hilfswissenschaftlichen Lehrstühle gelehrt. Ihre wichtigste Heimstatt hat die Numismatik von jeher in den Münzkabinetten der großen Museen. Diese enthalten in ihren Beständen auch den größten Materialfundus. In Deutschland steht Berlin an der Spitze mit gut einer halben Million numismatischer Zeugnisse, darunter 363 000 Münzen, gefolgt von München und Dresden. Weltweit gibt es die «Großen Sechs»: Berlin, London, New York, Paris, St. Petersburg, Wien. International ist die Numismatik im *International Numismatic Council* organisiert, dessen Geschäfte ein neunköpfiges Komitee führt (http://www.inc-cin.org). Alle sechs Jahre finden die großen Internationalen Numismatischen Kongresse statt, zuerst 1891 in Brüssel, zuletzt 2015 in Taormina (Italien). Deutschland verfügt gegenwärtig über knapp zwei Dutzend Numismatiker in Voll- oder Teilzeitstellen in Museen und anderen mit öffentlichen Mitteln unterhaltenen Institutionen.

7. Münzfunde

Münzfunde sorgen immer wieder für Schlagzeilen. Aus ihrer Analyse und vergleichenden Betrachtung bezieht die Numismatik insbesondere für Antike und Mittelalter ganz entscheidende Aufschlüsse zur Chronologie, Herkunft, Verbreitung und Einordnung einzelner Münzen und Serien. Auch für die geldgeschichtliche Betrachtung einer Epoche oder eines Raumes sind die Münzfunde von allergrößter Bedeutung. Aus diesem Grund ist es wichtig, dass Münzfunde ungeschmälert wissenschaftlicher Bearbeitung zur Verfügung gestellt werden. Die Mehrzahl der deutschen Bundesländer hat deshalb in Denkmalschutzgesetzen mittels *Schatzregal* alle Münzfunde, deren rechtmäßiger Besitzer nicht mehr festgestellt werden kann, zu Staatseigentum und für ablieferungspflichtig erklärt, lediglich Bayern gesteht auch dem Finder einen gesetzlichen Anspruch zu.

Münzfunde sind aber nicht nur spektakuläre Schatzfunde, sondern auch unspektakuläre Einzelfunde von oft schlecht erhaltenen Münzen. Soweit sie bei archäologischen Grabungen auftreten, bilden sie wichtiges, oft sehr entscheidendes Material für die genauere Datierung der Fundplätze (Städte, Siedlungen, Burgen, Burgwälle, Gräber, Kirchen etc.) oder die Lokalisierung historischer Ereignisse (etwa der berühmten Varusschlacht des Jahres 9 n. Chr. in Kalkriese bei Osnabrück). Durch verfeinerte Methoden der Archäologie und neue Technik (Metalldetektoren) hat sich die Zahl der Münzfunde bei archäologischen Grabungen in den letzten Jahrzehnten vervielfacht. Die technischen Möglichkeiten der Metalldetektoren haben dabei aber auch zu einem neuen Gefährdungspotenzial geführt. Unkontrollierte und unsachgemäße private Sondengängerei richtet schweren Schaden an, wenn Fundplätze nicht mehr planmäßig erforscht und dokumentiert, sondern nur noch ausgeplündert werden.

Die Meldung und Erfassung von Münzfunden ist eine staatsbürgerliche und wissenschaftliche Pflicht. Ob alle Münzfunde danach samt und sonders im Museum verbleiben müssen, ist eine andere Frage. Manche Zeiträume und Regionen sind inzwischen durch Münzfunde so gut dokumentiert, dass weiteres Material die Bestätigung bekannter Tatsachen, aber kaum noch neue Aufschlüsse liefert und den Fundus von Museen nur durch Dubletten vermehrt.

Die in Deutschland gefundenen antiken Münzen, die aus der Zeit vor 700 n. Chr. stammen, werden durch ein groß angelegtes Forschungsunternehmen seit 1960 laufend publiziert (*Die Fundmünzen der römischen Zeit in Deutschland* [FMRD] bzw. seit 1986 *Fundmünzen der Antike* [FdA], http://www.adw-mainz.de/index.php?id=394). Die deutschen Münzfunde ab dem 8. Jahrhundert sind in einem bei der Numismatischen Kommission der deutschen Länder stationierten Katalog erfasst, dessen Digitalisierung in Arbeit ist (http://www.numismatische-kommission.de/fundkatalog).

8. Münzsammeln und Münzhandel

Münzen sind zu allen Zeiten nicht nur als Zahlungsmittel verwendet, sondern auch gesammelt worden. Seit der Renaissance kennen wir die Namen von Sammlern und Sammlungen, und die Numismatik als Wissenschaft wurde von den Generationen Münzen sammelnder Gelehrter des 16./17. Jahrhunderts mit begründet. Münzsammeln gehörte auch an den europäischen Fürstenhöfen zum guten Ton, und die heutigen großen Münzkabinette verdanken ihre Existenz gleichermaßen der Sammellust wie der finanziellen Potenz der einstigen Landesherren. Privatsammler können auf Spezialgebieten durchaus auch großen Museumssammlungen Paroli bieten. Ihr Schicksal ist allerdings, dass sie selten über eine Generation hinaus fortgeführt und entweder an Museen gegeben oder aufgelöst werden. Der internationale Rang des Berliner Münzkabinetts als numismatisches Forschungsinstitut beruht ganz wesentlich auf der Erwerbung von einem Dutzend bedeutendster Privatsammlungen seit der Museumsgründung 1830.

Münzsammeln ist auch heute noch eine beliebte Freizeitbeschäftigung. Im deutschsprachigen Raum existieren mehrere monatlich erscheinende kommerzielle Münzsammlerzeitschriften, was die Zahl der Sammler und die Potenz des Marktes verdeutlicht. Die Mehrzahl der Sammler beschränkt sich auf die Moderne und hat zur Numismatik etwa dasselbe Verhältnis wie die Briefmarkensammler zur Postgeschichte. Eine kleinere Zahl wagt sich auch in die Zeit vor dem 20. Jahrhundert und in eine ernsthafte Beschäftigung mit Numismatik. Dazu existiert in Deutschland eine ganze Anzahl von im Dachverband der *Deutschen Numismatischen Gesellschaft* zusammengeschlossenen numismatischen Gesellschaften und Vereinen, deren älteste die 1843 gegründete *Numismatische Gesellschaft zu Berlin* ist. Damit liegt die Numismatik nicht allein in den Händen der wenigen Berufsnumismatiker in den Museen und wissenschaftlichen Instituten.

Münzsammeln hat den *Münzhandel* zur Voraussetzung und Folge. Dessen Bedeutung wird daran deutlich, dass beispielsweise das größte deutsche Münzauktionshaus gegenwärtig mehr Personal beschäftigt als alle deutschen Münzkabinette zusammengenommen. Im Münzhandel werden jährlich Hunderttausende von Münzen umgesetzt. Auch wenn die weitaus größte Zahl auf die modernen Münzen entfällt, ist der Anteil antiker, mittelalterlicher und frühneuzeitlicher Münzen doch so beträchtlich, dass der Münzhandel nach wie vor eine wichtige Rolle für den Materialfundus der Numismatik spielt. Die Auktionskataloge spezialisierter Privatsammlungen haben nicht selten den Rang von Handbüchern und Referenzwerken, wie überhaupt Auktionskataloge der gehobenen Art einen wichtigen Anteil numismatischer Literatur darstellen.

Numismatiker ist kein geschützter Begriff. Auch Münzsammler und Münzhändler nehmen ihn für sich in Anspruch. Ob zu Recht oder zu Unrecht, sei dahingestellt, jedenfalls ist die Trias aus Wissenschaft, Sammeln und Handel ein besonderes und in diesem Umfang wohl auf kein anderes Wissenschaftsgebiet zutreffendes Merkmal der Numismatik.

II. Münzen der Antike

1. Anfänge und künstlerische Blüte bei den Griechen

Die Griechen haben die Münze nicht nur «erfunden». Sie haben ihr auch durch eine später nur noch selten erreichte Kunstfertigkeit ein Erbe mit auf den Weg gegeben, das diesen profanen Gebrauchsgegenstand in besonderer Weise geadelt und ihn auch über Tiefpunkte seiner Geschichte hinweggetragen hat. Mit den Bildern der Götter geschmückt, waren die Münzen den Griechen eben nicht nur schnöder Mammon, sondern auch Gabe der Götter, «heiliges Geld». Man bekommt ein Gefühl davon, wenn man ein schönes griechisches *Tetradrachmon* [6] oder gar ein *Dekadrachmon* [10] in die Hand nehmen kann.

Wie die griechische Kunstgeschichte, so lässt sich auch die griechische Münzprägung gliedern in die Perioden der Archaik (vom Beginn der Münzprägung bis zu den Perserkriegen, 7. Jahrhundert bis um 480 v. Chr.), der Klassik (von den Perserkriegen bis zu Alexander dem Großen, ca. 480 bis 323 v. Chr.) und des Hellenismus (von Alexander dem Großen bis zur römischen Kaiserzeit, ca. 323 bis 30 v. Chr.). In diesem Zeitraum prägten etwa 1500 griechische Städte (unter Einschluss Kleinasiens, Italiens, Siziliens und Nordafrikas) Münzen, die zum größten Teil eigenständige Bilder zeigen, auch wenn dabei, besonders im Hellenismus, bestimmten Vorbildern und Typen gefolgt wurde. Sie sind, vor allem in der klassischen Periode des

5. und 4. Jahrhunderts v. Chr., von solcher Anmut und technischen Vollendung, dass sie den unwidersprochenen künstlerischen Höhepunkt in der zweieinhalbtausendjährigen Geschichte der Münze überhaupt darstellen und mit vollem Recht als Kunstwerke ersten Ranges anzusprechen sind. Diese künstlerische Blüte ist dabei nicht auf einzelne Zentren beschränkt ist, sondern tritt gewissermaßen flächendeckend auf, auch wenn manche Regionen – etwa Sizilien – noch besonders herausragen. Auffallend sind vor allem die Dicke und das ungewöhnlich hohe Relief der Münzen. Vermutlich wurden die Schrötlinge vorgeglüht, im weichen Zustand geprägt und zumindest die großen Nominale (Dekadrachmen) einzeln nachbearbeitet. Münzstempel jener Zeit haben sich nicht erhalten. Die Münzkünstler (Stempelschneider) selbst kennen wir nur ausnahmsweise, wenn sie ihre Produkte signiert haben, wie etwa in Syrakus.

Archaik und Klassik (7.–4. Jahrhundert v. Chr.) Die Münzprägung entstand im 7. Jahrhundert v. Chr. – der genaue Zeitpunkt ist umstritten – im westlichen Kleinasien, und die ersten Münzen wurden vermutlich in Sardis, der Hauptstadt des lydischen Königreiches, hergestellt [1]. Sie bestehen aus Elektron, einer natürlich vorkommenden Legierung aus Gold und Silber. Im Äußeren sind es runde oder oblonge abgeflachte Metallklümpchen, die auf einer Seite rohe quadratische oder rechteckige Einschläge *(quadratum incusum)* aufweisen und teils ungestaltet sind, teils ornamentale oder Tierdarstellungen zeigen. Diese ältesten Münzen offenbaren ein bereits weit entwickeltes siebenstufiges Wertesystem vom ganzen *Stater* (Betonung auf der zweiten Silbe) bis zum 1/96 Stater, einer winzigen Münze von kaum 3 mm Durchmesser und einem Gewicht von weniger als 0,15 g. Die zunächst ungestaltete zweite Seite wurde bald in die Bildgestaltung einbezogen. Inschriften führen die ältesten Münzen noch nicht, so dass ihre Zuordnung schwierig ist. Münzfunde zeigen, dass sie im gesamten westlichen Kleinasien weit verbreitet waren.

Mitte des 6. Jahrhunderts v. Chr. wurde, vermutlich unter dem für seinen Reichtum sprichwörtlichen Lyderkönig Kroisos, die

Elektronprägung durch eine solche in Gold und Silber ersetzt. Damit wurden die in ihrem Gold-/Silbergehalt schwankenden Elektronlegierungen durch klarer definierte Edelmetalllegierungen und die vermutlich höchst unpraktischen winzigen Elektronmünzen der unteren Wertstufen durch entsprechend größere Silbermünzen ersetzt. Die Goldmünze des Kroisos, der *Kroiseios* (*Kroiseios-Stater*) [2], wurde zu einer beliebten und weitverbreiteten Handelsmünze, die von den Persern nach der Eroberung des Lydischen Reiches 546 v. Chr. übernommen und erst unter Dareios I. (521–485 v. Chr.) gegen Ende des 6. Jahrhunderts v. Chr. durch einen eigenen Bildtyp abgelöst wurde. Der persische *Dareikos* [3] mit dem knienden, Bogen schießenden Großkönig, mit kleinen Veränderungen bis in die Zeit Alexanders des Großen beibehalten, wurde zur klassischen Goldmünze auch in der griechischen Welt. Die Mehrzahl der griechischen Städte in Kleinasien ging nach dem Vorbild des Kroisos zu Silber als Münzmetall über, während die Goldprägung überwiegend nicht übernommen wurde. Einige Städte wie Kyzikos, Phokaia oder Mytilene blieben beim Elektron, wobei die von 600 bis ca. 330 v. Chr. gemünzten *Elektronstatere* von Kyzikos [4] zu einer weitverbreiteten Münzsorte wurden. Nach dem griechischen Schriftsteller Xenophon entsprachen sie dem Monatssold eines Hopliten (Infanterist mit schwerer Bewaffnung).

Aus Kleinasien setzte die neue Erfindung des Silbergeldes bald in das griechische Mutterland über. Die seit dem ersten Viertel des 6. Jahrhunderts v. Chr. ausgegebenen «Schildkröten», d. h. die mit dem Bild der Schildkröte gemünzten *Silberstatere (Chelonai)* [5] der Stadt Ägina auf der gleichnamigen Insel vor Athen, wurden zur ersten übergreifenden Handelsmünze der archaischen Zeit. Athen prägte seit etwa 560 v. Chr. Statere mit wechselnden Bildern (sog. *Wappenmünzen*), bis es ab etwa 520 v. Chr. mit seinen berühmten «Eulen» [6] nicht nur eine dominierende Währung, sondern mit dem Kopf der Stadtgöttin Pallas Athene auf der Vorderseite auch ein neues Vorbild in der Münzgestaltung schuf. In dem von Athen 478/77 v. Chr. gegründeten Attischen Seebund, dem zeitweise mehr als 400 Stadtstaaten angehörten, waren die attischen «Eulen» eine

Art Gemeinschaftswährung. Von der Bedeutung der athenischen Währung und dem Umfang der Münzprägung zeugen Nachprägungen ebenso wie das bekannte Sprichwort «Eulen nach Athen tragen». Mit acht Münzwerten (Nominalen) war das auf der *Drachme* fußende Athener Münzsystem zudem bereits sehr stark ausdifferenziert. Hauptmünze war die dem *Stater* entsprechende *Tetradrachme* (ca. 17 g), die dadurch auch zum beherrschenden Nominal in der griechischen Münzprägung überhaupt wurde. Selten und vermutlich nur aus besonderem Anlass sind höhere Münzwerte *(Dekadrachmen)* ausgegeben worden. Wie die athenischen, so gehören alle *Dekadrachmen* zu den seltensten und berühmtesten griechischen Silbermünzen. Grundlage der umfangreichen Athener Münzprägung war die Silberausbeute der Bergwerke im nahe gelegenen Laurion-Gebirge.

Ähnliche Bedeutung wie die Eulen Athens erreichten die seit etwa 560 v. Chr. ausgegebenen «Pegasi» [7] von Korinth. Der Pegasus auf den korinthischen Münzen (das geflügelte Pferd mit dessen Hilfe der Held Bellerophon die Chimäre bezwang) begründete den neuen Trend des mythologischen Münztyps, der bis zum Ende der Römerzeit in vielfältigster Weise variiert wurde. Zur Herkunftsbezeichnung wurde unter dem Pferd der Buchstabe Koppa für Korinth angebracht, auch noch als dieser im griechischen Alphabet nicht mehr verwendet wurde. Der korinthische Münztyp blieb über zwei Jahrhunderte hinweg unverändert. Ähnlich langlebig erwiesen sich die athenischen Eulen – die großen Handelsstädte tendierten dazu, Veränderungen an den einmal eingeführten Münztypen möglichst zu vermeiden, um auch auf diese Weise die Geldstabilität zu unterstreichen. Am Münzfuß Athens oder Korinths orientierten sich auch die anderen griechischen Stadtstaaten (Athen: *Stater/Tetradrachme* zu 17,4 g – Korinth: *Stater/Tridrachme* zu 8,6 g, der Athener *Didrachme* entsprechend).

Nach Unteritalien (Großgriechenland) und Sizilien gelangte die Technik der Münzprägung um die Mitte des 6. Jahrhunderts v. Chr. Die frühen italischen Prägungen zeigen die Besonderheit, dass sie nicht nur kreisrund sind (die Regel bei griechischen Münzen sind unregelmäßige, der runden Form nur angenäherte

Rohlinge), sondern auf der Rückseite das Vorderseitenbild vertieft und seitenverkehrt wiederholen (*inkuse* Prägungen) [8]. In Sizilien, der Hochburg der griechischen Münzkunst, kommen inkuse Prägungen kaum vor. Nicht weniger als 27 Städte wetteiferten hier im 5. Jahrhundert v. Chr. um die Krone der Münzkunst, was schon Goethe, der selbst ein begeisterter Sammler war, in Entzücken versetzt hat. Diese Krone gebührt am Ende zweifellos Syrakus und dessen zum großen Teil mit Künstlersignaturen – Euainetos, Euklaidas, Eumenes, Eythymedes, Kimon, Phrygillos – versehenen Tetradrachmen, wobei das Dekadrachmenstück, das *Demareteion*, noch besonders herausragt und als die schönste Münze des Altertums gilt [10]. Vermutlich hat das Demareteion aber nichts mit der bei Diodor überlieferten Geschichte zu tun, wonach die Punier der Demarete, Gemahlin des Tyrannen Gelon (485–478 v. Chr.), für ihre Friedensvermittlung nach der Schlacht bei Himera (480 v. Chr.) ein Goldgeschenk von 100 Talenten überreichten, welches man in Geldstücke zu 10 Drachmen (= 50 Litren) umgewandelt habe. Die *Litra* (= 12 Unzen) ist eine sizilische Gewichts- und Münzeinheit, die sich am deutlichsten in der *Bronzeprägung* manifestiert.

Die Münzen der phönizischen (punischen) Kolonie Karthago [11] in Nordafrika, die Anfang des 5. Jahrhunderts eine Art Oberherrschaft über Sizilien ausübte, folgen im Stil ganz den sizilisch-griechischen Städteprägungen. Als Münzstätte ist häufiger in punischer Schrift «im Lager» angegeben, so dass nicht feststeht, wo genau sie hergestellt wurden, ob in Karthago oder (wahrscheinlicher) in Sizilien.

Neben Italien gehören auch Nordgriechenland, Zypern und die Kyrenaika zu den Regionen, in denen eine Münzprägung schon im 6. Jahrhundert v. Chr. einsetzte. Die Peloponnes, Kreta und die Küsten des östlichen Mittelmeerraumes folgten im 5. Jahrhundert. Den westlichsten Vorposten bildet Massilia (Marseille) im Mittelmeer, den östlichsten Pantikapaion an der Nordküste des Schwarzen Meeres. Außer den Stadtstaaten *(Poleis)* treten auch aus politischen, militärischen oder kommerziellen Motiven gegründete Städtebünde (neben dem schon erwähnten, durch Athen dominierten Attisch-Delischen Seebund der Böotische, Chalkidische [12] und Arkadische Bund) sowie kleinasiatische Satrapien im oder unter dem Einfluss des persischen Großreiches als Träger der Münzprägung auf.

Im nördlichen Griechenland erreichte die Münzprägung einen Höhepunkt in den Jahren um 500 v. Chr., als die Städte und Stämme Teil des Perserreiches unter Dareios I. (521–485 v. Chr.) oder diesem tributpflichtig waren. Es ist daher nicht unwahrscheinlich, dass ein Großteil dieser Prägungen auf die Tribute an den Großkönig zurückzuführen ist. Griechische Münzen wurden in größerer Zahl auch in asiatischen Satrapien des Perserreiches und in Ägypten (das über keine eigene Münzprägung verfügte) gefunden. Diese Münzen sind häufig durch tiefe Einhiebe entstellt [9] oder «zerhackt» worden, was ihre Verwendung nicht als Münzgeld, sondern als kleine Silberbarren auf Gewichtsbasis dokumentiert, zumal in solchen Fundkontexten auch häufiger gegossene Silberbarren aufgetreten sind.

Hellenismus (4.–1. Jahrhundert v. Chr.) Alexander der Große (336–323 v. Chr.) hat die Welt nicht nur politisch und militärisch, er hat sie auch numismatisch gründlich verwandelt. Schon die von seinem Vater, dem Makedonenkönig Philipp II. (359–336 v. Chr.) eingeführten *Philippeoi*, *Goldstatere* im Wert von 20 attischen Drachmen, und silberne *Tetradrachmen* nach attischem Fuß, beide mit dem Zeuskopf auf der Vorderseite, waren eine wichtige Neuerung und bereiteten den Boden für die unter Alexander durchgeführte Erneuerung. Zu den Gold- und Silbermünzen traten *Bronzemünzen* hinzu, wodurch ein einheitliches trimetallisches Münzsystem für das ganze Reich verbindlich wurde (1 *Stater* = 5 *Tetradrachmen* = 20 *Drachmen* = Soldatensold für 60 Tage). Die Münzen wurden mit einheitlichen Bildern in (mindestens) 26 Münzstätten produziert: *Stater*, auch *Doppel-* und *Halbstater*, aus Gold (Vorderseite: Athena mit korinthischem Helm, Rückseite: stehende Nike mit Schiffsmast [13]), *Tetradrachme* und (selten) *Dekadrachme* aus Silber (Vorderseite: Kopf des Herakles mit Löwenfell, Rückseite: sitzender Zeus mit Adler [14]) sowie *Bronzemünzen* ohne eigene Nominalbezeichnung (Vorderseite: Kopf des Herakles mit Löwenfell, Rückseite: Keule und Bogentasche mit Bogen). Nach Alexanders Tod wurde die Prägung mit den gleichen Bildtypen fortgeführt, in einigen Städten sogar bis in das 1. Jahrhundert v. Chr. Die durch Alexander verfügte Uniformität des Geldes bedeutete zweifellos eine Erleichterung und brachte mehr Sicherheit und Übersichtlichkeit in den Geldverkehr. An künstlerischem Reiz haben die griechischen Münzen dadurch allerdings sehr eingebüßt.

Von den aus dem Großreich Alexanders in den Diadochenkämpfen hervorgegangenen Reichen entfalteten das der *Seleukiden* in Syrien und Mesopotamien sowie das der *Ptolemäer* in Ägypten die umfangreichste und langlebigste Münzproduktion.

Die Münzprägung des unter Seleukos I. (312–280 v. Chr.) sich bis an den Indus erstreckenden Seleukidenreiches ist auf viele Münzstätten und unterschiedliche Münzstile verteilt. Im Laufe des 3. Jahrhunderts v. Chr. kamen in Baktrien (Nordindien und Afghanistan), Parthien (Persien, Iran) und Armenien eigene Herrscher und Dynastien zum Zuge, was sich nicht nur in der Münzikonographie, sondern auch in einem eigenen orientalisierten Stil der Münzen spiegelt. Das ebenfalls aus dem Seleukidenreich hervorgegangene Reich von Pergamon ist nicht nur die Heimat des berühmten Pergamon-Altars, sondern auch der bis in die Römerzeit gemünzten *Cistophoren* [15]. An der Prägung dieser nach dem einheitlichen Vorderseitenbild der *cista mystica* (Deckelkorb, aus dem eine Schlange kriecht) benannten Silbermünzen, die drei attischen Drachmen entsprachen, waren etwa 16 kleinasiatische Städte beteiligt.

Auf den *ptolemäischen* Münzen, die nicht dem attischen, sondern einem eigenen Münzfuß folgten (*Tetradrachme* zu 14,30 g), wurde jahrhundertelang der gleiche Bildtyp beibehalten (Vorderseite: Kopf des Dynastiegründers Ptolemaios I., Rückseite: Adler) [16], wobei die Serie jedoch wiederholt durch besondere Porträtmünzen in ungewöhnlicher Größe lebendig gehalten wurde (Goldmünzen bis zu 16 Drachmen, Silbermünzen bis 12 Drachmen).

Daneben haben auch die Kleinkönige von Kappadokien, Pontos, Bithynien, Epiros und Syrakus in hellenistischer Zeit Münzen ausgegeben, ebenso Stammesverbände wie die Brettier und Städtebünde (Epirotischer Bund, Ätolischer Bund, Thessalischer Bund).

Nach der Beseitigung des makedonischen Königtums in Griechenland durch die Römer und der 196 v. Chr. von jenen proklamierten Freiheit der griechischen Städte nahmen viele Städte die Silberprägung wieder auf. Zu den wichtigsten Typen gehören die athenischen Tetradrachmen des «Neuen Stils», auf denen die Eule von einem Lorbeerkranz umgeben ist [17]. Sie dürften das Vorbild abgegeben haben für die von weiteren 20 Städten ausgegebenen *Stephanophoren* («Kranzmünzen»), deren Rückseitendarstellung von einem Kranz aus Öl-, Lorbeer- oder Eichenzweigen umgeben ist.

Im Laufe des 1. Jahrhunderts v. Chr. wurden die hellenistischen Königreiche von den Römern zerschlagen und in römische Provinzen umgewandelt (Makedonien, Achaia, Asia). Nach dem Tode der Kleopatra (51–30 v. Chr.) ereilte das ptolemäische Ägypten als letztes Reich dieses Schicksal. Die neuen römischen Machthaber sind auf den Münzen nur vereinzelt präsent, die Masse der Münzen in Bronze bleibt in Darstellung und Inschrift nach außen städtisch-autonom. In den Randzonen der römischen Macht blieben einzelne kleine Klientelkönigreiche bestehen und auch numismatisch aktiv (Mauretanien, Bosporus).

2. Münzen der Kelten

Einen von der griechischen in die römische Zeit hinüberreichenden Sonderfall bilden die Münzen der *Kelten* und anderer «barbarischer» Völker in Gallien, Britannien, dem südlichen Mitteleuropa und auf dem Balkan (numismatisch unterteilt in Iberokelten, Westkelten, Rheinkelten, Donaukelten). Ihre Abhängigkeit von den griechischen und frühen römischen Münzen im Hinblick auf Münzmetall (Gold und Silber) und Münzbilder ist ebenso offenkundig wie ihre von diesen Vorbildern völlig verschiedene Umsetzung und Formensprache. Keltische Münzbilder sind in ihrer das Bild in Einzelornamente und Abstraktion auflösenden Komposition ebenso einprägsam und leicht erkennbar wie schwer beschreibbar. Ihre räumliche und zeitliche Zuordnung ist bisher nur grob gelungen und lässt sich nur durch Münzfunde näherungsweise fassen. Die keltische Münzprägung dürfte um 150 v. Chr. eingesetzt und mit der Romanisierung dieser Gebiete unter Cäsar und Augustus etwa hundert Jahre später ihr Ende gefunden haben. Zu den bekanntesten keltischen Münzen zählen die sog. *Regenbogenschüsselchen* [18], kleine schüsselförmige Goldmünzen im Gewicht bis 8 g, deren Vorbild, die Goldstatere Philipps II. von Makedonien und Alexanders des Großen, darauf kaum mehr zu erkennen sind. Ihren Namen haben sie aus der Volkssage, wonach dort, wo ein Regenbogen die Erde berühre, er ein solches goldenes Regenbogenschüsselchen hinterlasse, das glücksbringend sei und nur von Sonntagskindern gefunden werden könne.

3. Die Römische Republik (3. Jahrhundert – 30 v. Chr.)

Das römische Münzwesen entwickelte sich in ganz anderer Weise als das griechische. Die erste Phase ist durch sog. *Schwergeld* in Bronze gekennzeichnet, das weder im Metall noch in der Form noch im Gewicht etwas mit dem griechischen Münzgeld gemein hat. Die in Mittelitalien als vormünzliches Zahlungsmittel nach Gewicht verwendete Rohbronze *(Aes rude)* wurde im 3. Jahrhundert v. Chr. durch gegossene runde Bronzemünzen *(Aes grave)* ersetzt, die jeweils in den Wertstufen (*Unzen*) des alten Gewichtssystems ausgegeben wurden und danach ihre Bezeichnungen erhielten: *As* (12 Unzen), *Semis* (6 Unzen), *Triens* (4 Unzen), *Quadrans* (3 Unzen), *Sextans* (2 Unzen), *Uncia* (1 Unze). Die Bilder waren innerhalb der Serien einheitlich. As und Semis wurden durch «I» und «S» gekennzeichnet, die anderen Nominale waren durch die Anzahl von Kugeln entsprechend ihrem Wert in Unzen erkennbar. Während des Zweiten Punischen Krieges (218–201 v. Chr.) wurde der Gewichtsstandard mehrfach reduziert, und am Ende konnte die auf einen *Sextantalfuß* (mit dem As [19] als 1/6 Pfund) erleichterte Serie als fast «normale» Münzen in Prägetechnik hergestellt werden.

Durch die Ausdehnung seiner Herrschaft nach Süditalien kam Rom in Kontakt mit dem in diesem Raum vorherrschenden griechischen Silbergeld, dem man sich in Metall, Gewicht und Stil – bei eigenständigen Bildern – anpasste und neben dem einheimischen *Aes grave* eine Art Außenwährung für den griechischen Raum schuf. Die frühen römischen *Didrachmen* [20] wurden vermutlich sogar im Auftrag Roms in griechischen Städten (Neapolis? Metapont?) geprägt. Erst um 269 v. Chr. ist die Prägung nach Rom selbst verlegt worden. Die Silberprägung wurde während des zweiten Punischen Krieges um kleine Bronzeprägungen und erste, vereinzelte Goldmünzen ergänzt.

Eine wichtige Zäsur bildete die Einführung des *Denars* [22] um 211/210 v. Chr. Diese neue Silbermünze im Gewicht von zunächst 4,5 g, später 3,8 g, ersetzte die *Didrachme* und hatte einen Wert von 10 *Assen* (*deni* = je 10). Teilstücke des Denars waren *Quinar* («Fünfer»; 1/2 Denar, 5 Asse) und *Sesterz* (*semis tertius* = «halber dritte» = 1/4 Denar, 2 1/2 As). Der *Victoriat* (Bezeichnung nach dem Münzbild Victoria mit Siegeszeichen; 3/4 Denar) hatte den Wert einer griechischen Drachme. Der Denar wurde um 141 v. Chr. aufgewertet und galt dann 16 Asse; Quinar und Sesterz entsprachen 8 bzw. 4 Assen. Zur Silberserie traten eine (kleine) Goldserie mit Werten zu 60, 40 und 20 Assen [21] sowie Bronzemünzen. Standardbildtyp der frühen Denarperiode (bis um 140 v. Chr.) sind der Romakopf auf der Vorderseite und die reitenden Dioskuren Castor und Pollux auf der Rückseite [22]. Seit der zweiten Hälfte des 2. Jahrhunderts v. Chr. wurden die Bilder vielfältiger. Die Bildinhalte sind dabei durch die sog. *Münzmeister* bestimmt worden. Mit den Münzmeistern sind nicht die Handwerker des Münzbetriebes gemeint, sondern das Kollegium der *tresviri monetales* (korrekt: *tresviri aere argento auro flando feriundo*). Dieses jährlich neu gewählte Kollegium – vermutlich mit der Einführung des Denarsystems entstanden – wurde aus jungen Angehörigen des senatorischen Adels besetzt, die gewissermaßen ihre senatorische Laufbahn mit diesem Amt begannen. Sie sind auf den Münzen namentlich genannt und nutzten seit der zweiten Hälfte des 2. Jahrhunderts v. Chr. die Münzbilder immer offener zur «Familienpropaganda». In der Wahl der Münzbilder hatten die *tresviri monetales* offenbar freie Hand. In den Bürgerkriegen der späten Römischen Republik wurde die Münzprägung über die *tresviri monetales* hinaus von den verschiedenen Parteien und Machthabern, auch außerhalb Roms, genutzt (sog. *Imperatorische Prägungen*). Dazu gehörten auch zunehmend Goldmünzen (*Aurei* = Goldene). Die Bilder wurden dabei offen in den Dienst der eigenen Sache gestellt. Das historisch herausragendste Beispiel hierfür ist der Denar des Brutus, der direkt auf die Ermordung Cäsars an den Iden des März im Jahre 44 v. Chr Bezug nimmt [23].

4. Die Reichswährung der römischen Kaiserzeit (30 v. Chr. – 284 n. Chr.)

Aus den römischen Bürgerkriegen der späten Republik ging 30 v. Chr. Octavianus, seit 27 v. Chr. Augustus genannt, als Sieger hervor. Seine einzigartige historische Bedeutung lässt sich auch im Münzwesen ablesen. In seiner gut vierzigjährigen Regierung (27 v. Chr. – 14 n. Chr.) entstand das etwa 250 Jahre existierende, das ganze Römische Reich umspannende und in manchem bis in die Neuzeit fortwirkende, alle drei klassischen Münzmetalle (Gold, Silber, Kupfer) umfassende, sinnvoll gestaffelte Münzsystem nebst einer technisch hochstehenden Münzproduktion und einer leistungsstarken Münzadministration. Der *Aureus* [24], bis dahin eine Ausnahmeerscheinung in der sog. Imperatorischen Münzprägung, wurde zur Standardgoldmünze. Als Silbermünze wurde der republikanische *Denar* [25] übernommen. Die seit Jahrzehnten ruhende Prägung in Kupfer wurde völlig neu organisiert und in die vier Werte *Sesterz* [26] (Messing), *Dupondius* (Messing), *As* [27] (Kupfer) und *Quadrans* [28] (Kupfer) gegliedert, so dass das *augusteische Münzsystem* folgende Wertstaffelung aufweist: 1 *Aureus* = 25 *Denare* = 100 *Sesterze* = 200 *Dupondien* = 400 *Asse* = 1600 *Quadranten*. Die Kupferprägung enthielt eine Reminiszenz an die (einstige) Münzgewalt des Senats, indem den Münzen sehr sichtbar das «SC» (*senatus consulto* = durch Senatsbeschluss) aufgeprägt wurde.

Der im Laufe der Zeit einsetzende Wertverfall der Münzen äußerte sich in dem unter Caracalla (211–218) eingeführten *Doppeldenar*, dessen zeitgenössische Bezeichnung unbekannt ist und der in der Numismatik nach Caracallas offiziellem Namen, M. Aurelius Antoninus, *Antoninian* [29] genannt wird. Der Antoninian entwickelte sich unter Gordian III. (238–244) zur Hauptsilbermünze. Aureus und Denar wurden gelegentlich durch Halbwerte, *Quinare* in Gold oder Silber, ergänzt.

Diese Münztypen und Sorten bildeten die *Reichsprägung*, welche seit Caligula (37–41 n. Chr.) ausschließlich in Rom, seit der Mitte des 3. Jahrhunderts dann auch in Münzstätten außerhalb Roms hergestellt wurde.

Die Münzsorten der Reichsprägung überliefern auf den Vorderseiten eine lange Galerie von Porträts der Kaiser, Kaiserinnen und Angehörigen der kaiserlichen Familie. Diese individuell, naturalistisch und teilweise künstlerisch eindrucksvoll gestalteten Porträts bilden wichtige Quellen zur Personengeschichte. Die ebenso eindrucksvollen und äußerst vielfältigen Rückseitenbilder bieten viel Material zur Selbstdarstellung der Kaiser und ihrer Politik, zu Personifikationen und Allegorien, Religion und Kult, Bauwerken und Ereignissen. In ihrer Gesamtheit sind diese Münzen gewissermaßen eine Bilderchronik zur Geschichte des Römischen Reiches seit Augustus.

Ein Vorteil der römischen Kaisermünzen ist ihre präzise Datierung, oft auf das Jahr, bisweilen sogar auf den Monat genau, da sie in ihren Umschriften die aktuell vom Kaiser bekleideten Ämter und seine Titel aufführen (Konsulatsjahre, *tribunicia potestas*, Akklamation, Imperator, Siegestitel u. a.).

Neben der Reichsprägung existierten weiterhin *Provinzial- und Lokalprägungen* [35–36], die im Wesentlichen auf Kupfer/Bronze beschränkt waren und die Fortsetzung der griechischen und kleinasiatischen Städteprägungen darstellen (sog. *Greek Imperials*). Am umfangreichsten und langlebigsten war die Provinzialprägung in Ägypten, wo sie auch Silbermünzen (Tetradrachmen, *Alexandriner*) umfasste. Die Lokalprägungen (die in ihren vielfältigen Bildern eine wichtige Quelle für die jeweilige Stadtgeschichte sind) fanden im Westen schon in der frühen Kaiserzeit ein Ende, in den östlichen Provinzen reichen sie bis in die zweite Hälfte des 3. Jahrhunderts. In dieser Zeit kam es unter Gallienus (260–268) zu einem völligen Zusammenbruch des Münz- und Geldwesens. Innerhalb weniger Jahre sank das in einem festen Umrechnungsverhältnis zum Gold stehende Silbergeld *(Antoniniane)* auf den Rang der Kupfer- bzw. Bronzemünzen (*Aes*-Münzen) ab und die Prägung von Kupfermünzen wurde als Folge davon gänzlich eingestellt.

5. Münzen der Spätantike (284–500)

Unter Diokletian (284–305) wurden im Jahre 294 mit einer Münzreform Gold- und Silbermünzen wieder auf den unter Nero (54–68) üblichen Fuß festgesetzt: der *Aureus* (1/60 Pfund, 5,45 g) sowie eine neue Silbermünze, der sog. *Argenteus* im Standard des alten Denars (1/96 Pfund, 3,41 g). Bereits unter Konstantin I. (305–337) wurde der *Argenteus* wieder aufgegeben und der *Aureus* im Jahre 309 im Gewicht auf 1/72 Pfund reduziert. Diese neue und in der Folge regelmäßig und massenhaft geprägte Münze avancierte unter der Bezeichnung *Solidus* zur spätrömischen und byzantinischen Standardgoldmünze. Der *Solidus* [32] wurde aus reinem Gold hergestellt. Als 1/72 Pfund wiegt er 24 Karat (= 4,54 g). Die spätere Bezeichnung von Feingold als 24 Karat leitet sich vom konstantinischen Solidus ab. Nach der Reichsteilung von 395 wurde dieser Feingehalt auf den Münzen durch die beiden Versalien OB angegeben, die als Abkürzung für *obryzum* in der Bedeutung von geläutertem (reinem) Gold stehen. Zugleich ist OB die griechische Zahl für 72. Das OB als Gütesiegel erscheint in Verbindung mit der Münzstättenangabe im unteren Bereich der Münzen: CONOB (CON = Constantinopel, OB = *obryzum*) für die Münzen des Ostreiches bzw. Byzanz, COMOB für die Münzen des Westreiches (COM = *comitatus* in der Bedeutung einer mit dem Herrscher wandernden Münzstätte, die im 5. Jahrhundert dann aber ortsfest wurde, meist in Rom, aber auch in Ravenna oder Mailand). Teilstücke des Solidus waren *Semis/Semissis* (1/2 Solidus) [33] und *Triens* (1/3 Solidus) [34]. Als Sold der römischen

Föderaten, als Tribut und Beute sind Millionen von spätrömischen Goldmünzen außerhalb des Römischen Reiches gelandet. Die Solidi und Trienten waren vielfach Vorbild für die ersten Goldprägungen in den germanischen Staaten der Völkerwanderungszeit und des Frühmittelalters.

Die diokletianisch/konstantinische Umstellung des Goldmünzenfußes war vermutlich die Reaktion auf die inflationäre Entwicklung im Westen. Um 325 wurde auch die Silberwährung diesen Verhältnissen angepasst. Für die neue Silbermünze, die wie der Solidus im Gewicht ebenfalls 1/72 des römischen Pfundes entsprach, d. h. ebenfalls ein Normgewicht von 4,54 g besaß (aber meist leichter ist), bürgerte sich die Bezeichnung *Miliarense* [30] ein. Die Silberwährung wurde unter Constantius II. (337–361) durch ein weiteres Nominal ergänzt. Es hatte den Wert von 1/144 Pfund, bildete also den Halbwert des Miliarense. Diese Silbermünze trägt die Bezeichnung *Siliqua*, weil sie als 1/24 Solidus (= 1/1728 Goldpfund) den Gegenwert von 0,189 g Gold (= 1 Karat, lat. *siliqua*) darstellt. Die Siliquaprägung spielte im ostgotischen und vandalischen Münzwesen eine größere Rolle.

Die spätantike *Kupfermünzprägung* bietet ein schwer zu durchschauendes Bild. Der 296 unter Diokletian eingeführte *Follis* [31] wog anfangs über zehn Gramm, sank aber schon in konstantinischer Zeit im Gewicht bis auf ein Gramm. Ab 345 sind offenbar zusätzliche Geldsorten eingeführt worden, für die in den Quellen als Bezeichnungen *Centenionalis* und *Maiorina* erscheinen. Wert und Wertverhältnis dieser Münzen sind jedoch unklar. Man hat sich daher angewöhnt, die spätantiken Kupfer- und Bronzemünzen einfach als *Großbronze*, *Mittelbronze* und *Kleinbronze* bzw. als *Æ 1* bis *Æ 4* zu bezeichnen und diese Bezeichnungen über Durchmesser und Gewicht zu definieren. Ob die spätantiken Bronzemünzen Wertmünzen oder Kreditgeld (*Scheidemünzen*) darstellen, ist umstritten. Vermutlich gab es ein festes Kursverhältnis zum Gold, so dass mit einer entsprechend hohen Anzahl von Kupfer-/Bronzemünzen auch Goldmünzen erworben werden konnten. Die allgemeine Bezeichnung der Kupfermünzen als *Follis* (= Beutel) deutet darauf hin, dass sie in größerer Anzahl nach Gewicht gebeutelt verwendet wurden. Diese Münzbeutel sind vermutlich gleich in der Münzstätte abgefüllt und versiegelt worden. Die desolaten Verhältnisse bei den Kupfermünzen sind erst 498 durch die Münzreform Anastasius I. beseitigt worden.

Unter Diokletian (284–305) existierten 15 Reichsmünzstätten, die jeweils auf den Münzen angegeben sind, wobei die einzelnen Offizinen oder Emissionen durch zusätzliche Siglen kenntlich gemacht wurden.

Seit Konstantin ist die Zeit lebensnaher individueller Münzporträts vorbei. Die Kaiserdarstellung wurde schematischer und zielte nicht mehr auf Individualität, sondern auf majestätische Überhöhung und Formelhaftigkeit.

Eine Besonderheit stellen *Golddonative* (*Medaillone*) [37] im Vielfachen von Aurei bzw. Solidi dar. *Medaillone* gab es schon seit der frühen Kaiserzeit, dort allerdings meist aus Bronze, seltener aus Silber. Erst im 3. Jahrhundert wurden Goldmedaillone vereinzelt, im 4. Jahrhundert regelmäßig hergestellt. Sie dienten vor allem als Auszeichnungsgeschenke an Barbarenfürsten. Der größte dieser goldenen «Orden» hat ein Gewicht von 413 g, was 91 Solidi bzw. 1 1/4 Pfund Gold entspricht.

6. Münzen der Parther und Sasaniden

Jenseits der Grenzen des Römischen Reiches bildeten die Reiche der Parther (247 v. Chr. – 224 n. Chr.) und ihrer Nachfolger, der Sasaniden (224–651 n. Chr.), in Persien (Iran) einen eigenen charakteristischen Münzstil mit sehr gleichförmigen Münzenbildern aus [38–39]. Typisch für die sasanidischen Münzen ist die Königsdarstellung mit einer (auch in Natur) riesigen Krone und dem Feueraltar. Über mehr als 400 Jahre blieb dieser Bildtyp vom Anfang bis zum Ende des Reiches praktisch unverändert. Nur an den Kronen sind die sasanidischen Herrscher auf den Münzen zu unterscheiden. Unter den Parthern wurden Silber- und Kupfermünzen, unter den Sasaniden hauptsächlich breite Silbermünzen *(Drachmen)*, lokale Kupfermünzen und vereinzelt Goldmünzen ausgegeben.

III. Münzen des Mittelalters

Veranschlagen wir für das europäische Mittelalter einmal die grobe Spanne von tausend Jahren (500–1500), so lässt sich das erste Viertel (500 – ca. 750) numismatisch als eine stark reduzierte und etwas modifizierte Fortsetzung der spätantiken Verhältnisse charakterisieren, jedenfalls dort, wo antike Traditionen hinreichten, d. h. auf dem Gebiet bzw. im Grenzbereich des einstigen Imperium Romanum. Die nächsten beiden Viertel (ca. 750–1250/1300) sind die Zeit des unter Karl dem Großen entstandenen neuen Systems einer Silberwährung auf der Basis eines einzigen Münzwertes, des *Denars (Pfennigs).* Im letzten Viertel (1250/1300–1500) ergänzten und ersetzten höherwertige Silbermünzen *(Groschen)* den Pfennig und mit der seit Mitte des 13. Jahrhunderts wieder aufgenommenen Goldprägung entstanden hochwertige Münzen für den Fernhandel (*Dukaten*, *Florene* u. a.). Die seit 1500 aufkommenden Großsilbermünzen *(Taler)* charakterisieren numismatisch den Beginn der Neuzeit.

1. Europa von der Spätantike zum Frühmittelalter (500–750)

Numismatisch beginnt der Übergang von der Spätantike zum Frühmittelalter mit sog. *pseudoimperialen Prägungen* [46] in den germanischen Staatsgründungen der Völkerwanderung innerhalb und außerhalb der Grenzen des Römischen Reiches. Darunter versteht man Nachahmungen spätrömischer bzw. byzantinischer Münztypen, vor allem *Solidi* und *Trienten*, wobei Bild und Name des Kaisers getreulich, wenn auch häufig entstellt, wiedergegeben werden. Silber wurde seltener, Kupfer anscheinend gar nicht imitiert. Pseudoimperiale Prägungen beginnen im 4. Jahrhundert und reichen bis in die Mitte des 7. Jahrhunderts. Wir kennen sie von Vandalen, Ostgoten, Westgoten, Burgundern, Merowingern und Langobarden. Die frühesten «nationalen», d. h. mit eigenen Herrschernamen versehenen Münzen begegnen in der zweiten Hälfte des 5. Jahrhunderts bei Sueben und Vandalen [40–41] sowie im italischen Reich Odoakers und der Ostgoten [42–44]. Die allmähliche «Nationalisierung» der Münzen, d. h. die Etablierung von eigenständigen Bildern und den Emittenten nennenden Umschriften, erfolgte dabei von unten nach oben, von den kleinen zu den größeren Münzwerten.

Nur das spanische Westgotenreich und das gallische Merowingerreich existierten lange genug, um eigene numismatische Strukturen zu entwickeln. Die westgotischen Münzen haben seit dem 5. Jahrhundert bereits einen eigenen charakteristischen Stil. Seit dem 6. Jahrhundert auf den goldenen *Triens* [47] als einzigen Münzwert beschränkt führen sie seit Leovigild (568–586) den Namen des Königs und der Münzstätte. Bis zum Ende des Reiches 719 sind alle Könige und etwa 80 verschiedene Münzstätten auf den Münzen nachweisbar. Die Mehrzahl stammt aus etwa einem Dutzend großer Münzämter wie Cordoba, Mérida, Narbonne, Saragossa, Sevilla, Sidonia Medina, Tarragona, Toledo.

Einen Paukenschlag und gewissermaßen den Eingang ins Mittelalter bildete der spektakuläre Bruch des Goldmonopols des Kaisers durch den Merowingerkönig Theudebert I. (534–548), der als erster Germanenfürst seinen eigenen Namen auf Goldmünzen setzen ließ [48]. Der byzantinische Geschichtsschreiber Prokop hat dies als unerhörten Vorfall missfällig notiert (*De bello gothico* III, 33). Spätere Merowingerkönige [49] sind dem Beispiel Theudeberts gefolgt, doch blieben solche königlichen Solidi eher die Ausnahme. Charakteristisch für das merowingische Geldwesen sind die seit dem Ende des 6. Jahrhunderts mit den Namen von *Monetaren* in über 800 Orten des Reiches ausgegebenen *Trienten* [50]. In Metall (Gold) und Wert (Triens) sind diese Münzen die Fortsetzung spätantiker Traditionen, verfassungsgeschichtlich sind sie eine Novität. Über Rolle, Aufgabe und Befugnisse der merowingischen Monetare ist in Ermanglung schriftlicher Quellen wenig bekannt. Fest steht aber, dass sich hinter den über 2000 auf den Münzen genannten Monetaren eine staatliche Elite und nicht die Handwerker des Münzbetriebs verbergen. Bekanntestes Beispiel dieser neuen Elite ist der heilige *Eligius* (ca. 590–660), Vertrauter zweier Könige und vor seiner Erhebung zum Bischof von Noyon als Monetar in Paris, Marseille und Arles tätig [49]. Die Monetarmünzen lassen sich nur vage in eine Abfolge bringen und sind auf den Zeitraum von ca. 570–670 beschränkt. Mit dem nach Dagobert I. (629–639) einsetzenden politischen Verfall des Reiches kam es im Münzwesen zu einer starken Verringerung des Goldgehalts der Trienten, eine Entwicklung, die schließlich Ende des 7. Jahrhunderts in einer reinen Silberprägung von *Denaren* [51] endete.

2. Das Zeitalter des Denars (750–1250)

Im Frankenreich der Karolinger wurde unter Pippin dem Kurzen (751–768) und Karl dem Großen (768–814) das für die nächsten fünfhundert Jahre in Europa maßgebende Münzsystem entwickelt. Seine Charakteristika sind das Silber als neue und alleinige Grundlage der Währung, eine neue metrologische Einheit (Karlspfund) sowie ein einziger Münzwert, der *Denar (Pfennig)* [52]: 1 *Pfund* = 20 *Schillinge (Solidi)* = 240 *Denare*, wobei der *Solidus* nur noch einen Rechenwert, keine real geprägte Münze, darstellte. Seinem Kaisertum – seit der Krönung durch Papst Leo III. am Weihnachtstag des Jahres 800 in Rom war Karl der neue Kaiser des Römischen Reiches – maß Karl der Große auf seinen in etwa achtzig Münzstätten geprägten und auch heute noch in großer Zahl bekannten Denaren wenig Wert bei. Nur auf einer verschwindend geringen Anzahl nennt er sich *Imperator* [53], auf den allermeisten einfach nur *Rex Francorum*, König der Franken [52].

Unter Karls Sohn Ludwig dem Frommen (814–840) wurde die Münzproduktion gesteigert und mit den vermutlich ab 822/23 gemünzten *Christiana-Religio-Denaren* entstand der klassische Münztyp der Karolingerzeit. Da der Denar einen relativ hohen Wert verkörperte, kam zur Erleichterung des Zahlungsverkehrs ein Halbwert *(Obol)* [55] hinzu, den Denaren bildgleich, nur kleiner und halb so schwer. Dagegen waren die von Ludwig ausgegebenen goldenen *Solidi* [54] wohl eher eine Prestigeprägung Richtung Byzanz. Ihre vermutlich im friesischen Hafen- und Handelsort Dorestad entstandenen Nachahmungen belegen aber auch ein Bedürfnis nach Goldgeld im Fernhandel.

Einen mengenmäßigen Höhepunkt erlebte die Münzprägung unter Karls gleichnamigem Enkel, Karl dem Kahlen (843–877). Dessen 864 erlassenes Münzgesetz *(Edictum Pistense)* überliefert ausführliche Bestimmungen zur Ausprägung eines neuen Denartyps (nach der Umschrift *Gratia Dei Rex* als sog. *GDR*-Typ bezeichnet) [56] und ist das einzige vollständig überlieferte Münzgesetz des frühen und hohen Mittelalters. Hintergrund des Gesetzes und der dadurch ausgelösten umfangreichen Münzprägung sind die Kriegszüge der «Nordmänner» (Wikinger), die in dieser Zeit beinahe jährlich das karolingische Reich heimsuchten und von deren Plünderungen man sich durch hohe Silberzahlungen freikaufte. Im letzten Viertel des 9. Jahrhunderts ging mit dem Niedergang des Reiches auch die Münzprägung stark zurück. Zu dieser Zeit hatte die Münzgeldwirtschaft die Rheinlinie noch kaum überschritten. Erst im Laufe des 10. Jahrhunderts verschob sich diese Grenze allmählich nach Osten bis an die Elbe, nachdem 919 die sächsische Dynastie der Ottonen (Liudolfinger) im ostfränkisch-deutschen Reich die Macht übernommen hatte.

Das deutsche Reich der Ottonen und Salier (919–1125) wurde im 10. und 11. Jahrhundert zum Hauptmünzproduzenten Europas [57–58]. Dabei wurde das Münzrecht durch königliche Privilegien auch an den weltlichen und – vor allem – den geistlichen Hochadel delegiert, so dass die Münzen nicht nur von den Königen, sondern auch von Herzögen, Grafen, Fürsten, Erzbischöfen, Bischöfen, Äbten und Äbtissinnen ausgegeben wurden. Diese vielfältige «föderale» Struktur mit zahlreichen Münzherren und Münzstätten wurde zum besonderen Kennzeichen des deutschen Münzwesens bis in das 19. Jahrhundert. Im 11. Jahrhundert waren über 150, im 12. und 13. Jahrhundert sogar bis zu 450 Münzstätten im Reich tätig.

Die große Zahl von Münzstätten ist Ausdruck einer Regionalisierung des Münzumlaufs auf der Basis zahlreicher lokaler Münztypen. Klassische Form dieser Regionalpfennige sind die *Brakteaten* (von lat. *bractea* = dünnes Silberblech) [59]. Diese – wie der Name schon sagt – sehr dünnen Münzen haben keine Rückseite, vielmehr erscheint dort das Münzbild von «hinten», d.h. negativ und seitenverkehrt. Zu ihrer Herstellung brauchte man nur einen Stempel. Mit dieser Zeit und Kosten sparenden Herstellungsmethode und besonders in der anspruchslosen Bildgestaltung des 13. Jahrhunderts entsprechen die Brakteaten durchaus den Anforderungen eines jährlich erneuerten Massenzahlungsmittels. Im 12. Jahrhundert sind sie hingegen noch von erstaunlicher künstlerischer Qualität und weisen einen Bildreichtum auf, der sie zu Zeitdokumenten ganz eigener Art macht. Um 1130/40 in Meißen, Thüringen und dem Harzgebiet entstanden und sich nach Norden und Osten auch über die Reichsgrenzen hinaus nach Dänemark, Polen und Böhmen ausbreitend, decken die Brakteaten einen Raum ab, der vorher großenteils ohne eigene Münzprägung war. Neben ihrer besonderen Form brachten die Brakteaten auch eine neue Funktion in das mittelalterliche Münzwesen ein: die des jährlich erneuerten Zahlungsmittels, wobei der Münzherr durch diese jährliche *Verrufung* und den damit verbundenen Zwangsumtausch in neue Münzen seinen Gewinn aus der Münzprägung realisierte: Für 12 alte wurden nur 9 neue Pfennige ausgehändigt. In Form der *Hohl- und Schüsselpfennige* [72–74] lebte die Spezies einseitiger Münzen als Kleinmünzen bis ins 17. Jahrhundert weiter.

Ähnlich wie im Deutschen Reich wurde in Frankreich die königliche Münzprägung seit der Jahrtausendwende von zahlreichen Münzen des weltlichen und geistlichen Adels begleitet *(monnaies féodales)*, doch entstanden diese nicht infolge königlicher Privilegien wie in Deutschland, sondern durch Usurpationen des Münzrechts aufgrund der Schwäche des Königtums. Eine Besonderheit der französischen *Feodalmünzen* des 10.–12. Jahrhunderts sind ihre Immobilisierungstendenzen, d.h. die Fortführung von zum Teil bis in die Karolingerzeit zurückreichenden Bildern und Umschriften. Von der Bedeutung einzelner solcher Feodalwährungen kündet der erste Kreuzzug (1096–1099), bei dem neben den Münzen von Lucca die *Deniers* aus Poitiers/Poitou *(Pictavini)*, Chartres *(Cartenses)*, Le Mans (*Manses*), Valence *(Valenziani)*, Melgueil *(Melgorienses)* und Le Puy (*Pogesi*) das offizielle Geld des Kreuzfahrerheeres bildeten. Erst unter Philipp II. August (1180–1223) gewann das Königtum wieder stärkeren Einfluss und schuf mit dem *Denier tournois* [61] eine Pfennigmünze, die allmählich die zahlreichen feodalen Pfennigmünzen verdrängte. Im Unterschied zum übrigen Europa weisen die französischen Münzen schon früh einen reduzierten Silbergehalt auf. Der Münzgewinn ist hier in erster Linie über die Reduzierung des Edelmetallgehalts und nicht wie in Deutschland über die Verrufungen erzielt worden.

In England, wo Ende des 7. Jahrhunderts parallel zum Frankenreich ebenfalls Silbermünzen *(Sceattas)* die Goldmünzen *(Trienten/Thrymsas)* ablösten und in der zweiten Hälfte des 8. Jahrhunderts in den südlichen Landesteilen die Denarprägung nach karolingischem Vorbild umgestaltet wurde, übernahm im 9. Jahrhundert das Königreich Wessex mit der politischen auch die münzgeschichtliche Führungsrolle. In einer 973 durchgeführten Münzreform wurde ein einheitlicher, bis 1036 alle sechs, danach alle drei Jahre wechselnder Münztyp (*penny*) geschaffen, auf dem die Münzstätten und die für die Prägung verantwortlichen Münzmeister jeweils namentlich genannt sind. Dieses System wurde auch durch die normannische Eroberung Englands 1066 nicht verändert. Unter Heinrich I. (1100–1135) verfiel der hohe Standard in Münzorganisation und Münztechnik, und Ende der 1130er Jahre brach die Kontrolle der Krone über das Münzwesen vollends zusammen. Erstmals (und auch letztmals) kam es zu Usurpationen des Münzrechts durch den Adel. Unter Heinrich II. (1154–1189) stabilisierte sich die Lage und ab 1158 wurde wieder ein einheitlicher königlicher Pfennigtyp ausgegeben (sog. *Tealby*-Typ). 1180 erfolgte dann mit der Einführung des *Sterlings* [62] eine größere Neuerung. Der Silbergehalt des neuen Pfennigs (925/1000) wurde als *Sterlingsilber*, das *Pfund Sterling(e)* (= 240 Stück) zu wichtigen Größen im europäischen Münzwesen bis in die Neuzeit. Die Sterlinge wurden über 170 Jahre, von 1180 bis 1351, in unveränderter Güte geprägt. Lediglich das 1247 von einem kurzen auf ein langes Kreuz veränderte Rückseitenbild und das 1279 dem Zeitgeschmack angepasste Königsbild unterscheiden die drei *Sterlingtypen*: *Short Cross*, *Long Cross* und *Edwardian*.

Das langobardische Oberitalien [45] wurde 774 in das Karolingerreich, 962 in das Deutsche Reich integriert und folgte bis ins 12. Jahrhundert deren Münzentwicklung. Die bis 751 zum byzantinischen Exarchat Ravenna gehörige Münzstätte Rom ging an den Kirchenstaat über. Erster auf Münzen erscheinender Papst ist Hadrian I. (772–795). Von der Kaiserkrönung Karls des Großen im Jahre 800 bis ins 11. Jahrhundert sind Papst und Kaiser durch beiderseitige Namensnennung auf den römischen Münzen verbunden. In Süditalien errichteten nach Langobarden, Byzantinern und Arabern im 11. Jahrhundert die Normannen einen eigenen Staat. Das normannische Münzwesen bestand aus Goldmünzen (*Tari*), die sich an arabischem, sowie Silber- und Kupfermünzen, die sich an byzantinischem Standard orientierten. Erst unter den Staufern Ende des 12. Jahrhunderts ging man zu *Denaren* nach europäischem Vorbild über.

Auf der seit 711 arabischen Iberischen Halbinsel wurden in den christlichen Herrschaftsgebieten im 11. Jahrhundert die Goldmünzen (*Dinare*) der Umayyaden als *Mancusi* sowie im 12. Jahrhundert die breiteren und schwereren, *Morabitinos/Marabotinos* genannten Goldmünzen der Almoraviden nachgeahmt. Die ersten Silbermünzen (Denare) nach europäischem Muster wurden in Navarra-Aragon unter Sancho (1000–1035), in Kastilien-Leon unter Alfons VI. (1073–1079) gemünzt.

Bis in das 11. Jahrhundert war Europa in den münzproduzierenden Westen und den münzimportierenden Osten (Slawen) und Norden (Wikinger) geteilt. Bei Wikingern und Slawen wurden Münzen lediglich als Silber und nicht als genormte Zahlungsmittel benutzt. Diese – im Unterschied zur Münzgeldwirtschaft als *Gewichtsgeldwirtschaft* bezeichnete – Form der Austauschverhältnisse demonstrieren zahlreiche Schatzfunde des Ostseeraumes, in denen Münzen zusammen mit anderen

Arten von Silber (Barren, Bleche, Schmuck) vorkommen. Den Hauptanteil in diesen Schätzen bilden im 9. und 10. Jahrhundert arabische Dirham, im 11. Jahrhundert deutsche und englische Denare. Die ungewöhnliche Konzentration dieser Schätze auf der kleinen schwedischen Insel Gotland macht dieses Eiland zu der – gemessen an seiner Größe – bei Weitem münzfundreichsten Region der Welt. Um die Jahrtausendwende kam es im Zuge der Christianisierung zu den ersten eigenständigen Münzprägungen in Skandinavien, Polen, Böhmen und Ungarn, die auch auf diese Weise ihre neue Zugehörigkeit zur christlichen Staatenwelt Europas dokumentierten. Lediglich in der Kiewer Rus blieben prämonetäre Geldformen (Barren) weiter im Gebrauch.

Obwohl die Denare oder Pfennige überall in Europa anders aussahen, hatten sie doch eine auf das Pfund Karls des Großen zurückgehende gemeinsame Gewichtsgrundlage. Das karolingische Normgewicht von ca. 1,7g war im 12. Jahrhundert allgemein um etwa ein Drittel bis auf die Hälfte gesunken. Das hatte die Ablösung des Pfundes als Grundgewicht der Münzprägung durch die *Mark* zur Folge, deren Gewicht bei etwa zwei Dritteln des Pfundes lag. Die Markgewichte waren – wie die Pfenniggewichte – regional unterschiedlich, die Bandbreite lag zwischen 186g und 280g. In Deutschland wurde die *Kölner Mark* (seit dem 13. Jahrhundert standardisiert auf 233,812g) zum Maß der Dinge und war als Grundgewicht für alle Münzsysteme noch in der Neuzeit bis 1857 in Gebrauch. Neben der Kölner Mark, der auch die *Lübecker* und die *Londoner Mark* entsprachen, war die *Pariser Troymark* (244,753g) das wichtigste Markgewicht des Mittelalters. Bei Zahlungen in Münzen muss man unterscheiden zwischen *Gewichtsmark* (bzw. *Gewichtspfund*) und *Zählmark* (bzw. *Zählpfund*). Bei Zahlung nach *Gewichtsmark* mussten Münzen in einem vereinbarten Gesamtgewicht (die dafür benötigte Stückzahl war egal), bei Zahlung nach *Zählmark* eine gezählte Anzahl Pfennige, in der Regel 240 Stück, auf den Tisch gelegt werden. Ursprünglich stimmten Gewichtsmark und Zählmark überein. Ihr allmähliches Auseinanderdriften erklärt sich aus der schleichenden Verringerung des Gewichts der Pfennige.

3. Differenzierte Münzsysteme (1250–1500)

Im Spätmittelalter entstand ein differenziertes Münzsystem aus Pfennig-, Groschen- und Goldmünzen, wobei jede dieser drei Kategorien nochmals in sich durch verschiedene Wertstufen gestaffelt war. Neben dieser Überwindung der Pfennigwährung ist diese Zeit durch Entwicklungen gekennzeichnet, die bis weit in die Neuzeit wirkten. Das sind zum Ersten die Städte, die ein bedeutendes münzpolitisches Gewicht erlangten und sich dabei eines differenzierten Instrumentariums von der Münzpolizei bis zur Ausübung eigener Münzprägung und dem Zusammenschluss zu Münzvereinen bedienten. Das ist zum Zweiten die Herausbildung von Banken und bargeldlosem Zahlungsverkehr in bereits sehr modern anmutender Form. Drittens kam es infolge der Edelmetallknappheit zu dirigistischen Maßnahmen zur Sicherung der Edelmetallversorgung der Münzstätten (Verbot der Edelmetallausfuhr). Viertens brachten die neuen Dimensionen von Zahlkraft und Geldmengen die ersten gravierenden Geldkrisen, da fünftens das Mittel der Münzverschlechterung bewusst zur Finanzierung erhöhter Staatsausgaben in Krisenzeiten eingesetzt wurde, wie etwa in Frankreich im Hundertjährigen Krieg gegen England (1337–1453).

Die «Monetarisierung» der Gesellschaft ist durchaus ein allgemeines Kennzeichen der spätmittelalterlichen Entwicklung, wobei sich dieser Prozess allerdings regional sehr unterschiedlich abspielte. In weiten Teilen Mittel- und Osteuropas blieb es bis zum Ende des Mittelalters bei der Vorherrschaft der Pfennigwährung und es gab weiterhin große Bevölkerungsschichten, die nur ausnahmsweise mit Münzgeld in Berührung kamen und zur Bestreitung ihres Lebensunterhalts nicht darauf angewiesen waren.

Die Differenzierung des Silbergeldes und Groschenmünzen Im Laufe des 13. Jahrhunderts wurde der Denar von seinem Monopol als einziger Silbermünzwert verdrängt. Schon gegen Ende des 12. Jahrhunderts hatten England mit dem *Sterling* [62] und Deutschland mit dem *Heller* [60] (so benannt nach der Entstehung in Schwäbisch-Hall) jeweils neue, sehr unterschiedliche Pfennige kreiert. Der Sterling war hochwertig, der Heller geringwertig. Nicht von ungefähr wurde er bald zum Synonym für die geringwertigste deutsche Kleinmünze («keinen roten Heller wert»). Acht Heller mussten für einen Sterling auf den Tisch gelegt werden. Dennoch wurde der Heller eine überaus erfolgreiche und die erste überregionale Münzsorte Deutschlands. Dies hat wie beim Sterling mit seiner massenhaften Prägung und seinem unveränderten Münzbild (Vorderseite: Hand, Rückseite: Kreuz) zu tun. Das Pfund Heller (240 Stück) wurde ebenso wie das Pfund Sterling zu einer festen Recheneinheit.

Auf dem Kontinent entsprach der beliebte und in den Niederlanden, deutschen Rheinlanden und Westfalen auch nachgeahmte Sterling meist vier Pfennigen. Nur in Italien war es mit dem Pfennig noch stärker abwärts gegangen, dort war der englische Sterling bis zu 20 Pfennige wert. Wegen seiner besonders geringwertigen Pfennige sowie des wirtschaftlichen Aufstiegs seiner Städte – namentlich der Seestädte Venedig, Genua und Pisa, aber auch anderer Städte in der Lombardei und Toskana – wurde Italien zum Ausgangspunkt für die ersten Groschenmünzen. Diese waren Silbermünzen mit vielfachem Pfennigwert, für die sich wegen ihrer Dicke und Größe allgemein und unabhängig vom konkreten Wert die Bezeichnung *grossus* (Groschen) einbürgerte. Den Durchbruch der italienischen *Grossi* außerhalb Italiens brachten die erstmals wohl 1194 aufgelegten venezianischen *grossi matapani* oder *ducati argenti* [63], die infolge des durch die Venezianer dirigierten vierten Kreuzzuges nicht nur im Kreuzfahrerheer eine wichtige Rolle spielten, sondern auf diesem Wege mit der Eroberung Konstantinopels und Errichtung des Lateinischen Kaiserreiches 1204 im östlichen Mittelmeer zur beherrschenden Handelsmünze aufstiegen. Sie erlangten weite Verbreitung und fanden im Mittelmeerraum und auf dem Balkan vielfach Nachahmung. Ähnlich dominant wurde der seit 1302/04 vom Königreich Neapel ausgehende *Gigliato* (*Liliatus*, so genannt nach dem Lilienkreuz auf der Rückseite) [65] mit zahlreichen Nachahmungen von Südfrankreich bis Rhodos und Kleinasien.

Im Alpenraum entstand 1271 mit dem *Kreuzer* [64] der Grafen von Tirol eine für Österreich zukunftsträchtige Groschenmünze. Die Ausgabe höherwertiger Silbermünzen nördlich der Alpen erfolgte zuerst in Frankreich und den Niederlanden: in den Niederlanden (Flandern, Brabant, Hennegau) durch den *Doppelsterling* zu 8 Denaren, in Frankreich durch den erstmals 1266 unter Ludwig IX. dem Heiligen (1226–1270) aufgelegten *Gros tournois (Turnosengroschen, Turnose)* [66] im Wert von 12 *Denier tournois*. Letzterer wurde über Frankreich hinaus ein durchschlagender Erfolg und vielfach nachgeahmt. Bildlich ist der *Gros tournois* ein vergrößerter *Denier tournois* [61], wobei die zwölf Lilien im Außenkreis den Wert von 12 *Denier tournois* versinnbildlichen. Aus den Nachahmungen entwickelten sich in den Niederlanden und Rheinlanden bald zahlreiche bildlich eigenständige Groschentypen, die ihren Namen teils nach ihrem Wert als Schillinge (12-Pfenniggroschen) bzw. Doppelschillinge (24-Pfenniggroschen), teils nach ihrem Äußeren und Bild als *Albus*, *Botdrager*, *Kromsteert*, *Plaque*, *Pieter* oder *Rosebeker* erhalten haben.

Was der *Gros tournois* für den Westen war, wurde der 1300 in Böhmen unter Wenzel II. (1278–1305) eingeführte *Prager Groschen* [67] für die Mitte und den Osten Europas. Obwohl diese Groschen in der Umschrift deutlich als *Grossi Pragenses* bezeichnet sind, haben sie mit Prag nichts zu tun. Sie wurden in der zu diesem Zweck erbauten und wie eine Festung gesicherten Münzstätte in Kuttenberg im Erzgebirge, dem Welschen Hof, von eigens aus Italien angeheuerten Fachleuten aus dem damals entdeckten Bergsilber des Kuttenberger Reviers in großen Mengen gemünzt. Bis zu ihrem Ende 1547 im Bild unverändert (Vorderseite: Wenzelskrone, Rückseite: Böhmischer Löwe), wurden sie in den Hussitenkriegen seit 1415 rapide verschlechtert, so dass im Geldverkehr die guten alten Emissionen durch Gegenstempel *(Kontermarken)* [68] von den neuen schlechten Stücken unterschieden wurden.

Dem Typus des Prager Groschen folgte der ab 1338 von den polnischen Königen emittierte *Krakauer Groschen* und der ab 1338/40 von den Markgrafen von Meißen ausgegebene

Meißner Groschen, der in Mitteldeutschland eine große Rolle spielte.

Im Norden wurden die ab etwa 1365 gemünzten, den englischen Sterlingen wertgleichen *Witten (Weißpfennige)* [69] der im sog. Wendischen Münzverein zusammengeschlossenen Hansestädte Lübeck, Hamburg, Lüneburg und Wismar die wichtigste Silbermünze des Ostseehandels. Den Witten als Vierpfenniggroschen folgten bald mit *Sechsling* (6 Pfennige, ab 1392), *Schilling* (12 Pfennige, ab 1432) und *Doppelschilling* (24 Pfennige, ab 1468) größere Nominale. Die seit etwa 1380 ausgegebenen *Schillinge* [70] des Deutschen Ordens beherrschten neben dem preußischen Ordensstaat den baltischen und nordpolnischen Geldverkehr.

Unterhalb des kleinsten Groschenwertes von vier Pfennigen lag das «schwarze Geld» *(monnaies noires)*, das in den Regionen entwickelter Geldwirtschaft praktisch schon Scheidemünzfunktion besaß und bereits stark mit Kupfer versetzt wurde (Italien, Frankreich, Niederlande). Dem schwarzen Geld hat man durch eine besondere Technik, dem sog. Weißsieden, zu besserem Aussehen verholfen. Danach sahen auch geringhaltige Silbermünzen wie reines Silber aus. Freilich hielt diese Schönheit nicht lange. In England, Deutschland, Skandinavien und Osteuropa blieben die Pfennigmünzen dagegen von relativ guter Qualität und in manchen Regionen, etwa in Bayern, bis zum Ende des Mittelalters die einzige Münzsorte.

Diese gesamteuropäische Vermehrung des Silbergeldes steht in direktem Zusammenhang mit der Erschließung neuer Silbervorkommen im Erzgebirge und im Harz, auf Sardinien, in Ungarn und Tirol. Obwohl dadurch eine große neue Menge an Prägemetall verfügbar wurde, überstieg der Geldbedarf rasch die vorhandenen Rohstoffe. Die nicht über eigenes Bergsilber verfügenden Münzstände reagierten auf diese Mangelsituation mit Münzverschlechterungen. In Kaufverträgen vereinbarte man die Zahlung in Silber nach Gewicht *(Barrensilber)* oder sicherte sich durch genaue Bezeichnung der Münzsorten ab. Politische Krisen verschärften diese Situation. Ein klassisches Beispiel ist Frankreich, wo schon unter König Philipp IV. dem

Schönen (1285–1314) am Silbergeld manipuliert worden war, was dem König von den Zeitgenossen den Titel eines königlichen Münzfälschers, *roi faux monnayeur*, eintrug. Während des Hundertjährigen Krieges wurden die Groschenmünzen 1337–1364 und vor allem 1415–1429 rigoros verschlechtert. Krassester Ausdruck dieser Politik ist ein Groschentyp namens *Florette*, dessen Silbergehalt zwischen 1417 und 1422 von 64 auf nur noch knapp drei Prozent fiel.

Goldmünzen Ersetzten die ersten Groschenmünzen in Italien 20–26 Pfennige, so substituierten die 1252 in Genua und Florenz gleichzeitig eingeführten Goldmünzen ein ganzes Pfund Pfennige (240 Stück) durch eine einzige handliche Münze. Eine Generation später, 1284 folgte Venedig diesem Beispiel. In der durch byzantinische und arabische Einflüsse bestimmten Tradition stehen dagegen die schon früher, seit 1231/32 ausgegebenen, berühmten sizilianischen *Augustalen* [75] Kaiser Friedrichs II. (1220–1250), die erste europäische Goldprägung seit Ludwig dem Frommen.

Der *Floren* [76] aus Florenz (namensgebend ist die Lilie, lat. *flos*, auf der Vorderseite) und der *Dukat* [77] aus Venedig (von *ducatus*, dem letzten Wort in der Umschrift der Rückseite), auch *Zecchine* genannt (*zeccha* = ital. Bezeichnung des Münzgebäudes), sind Münzen aus reinem Gold (24 Karat) im Gewicht von 3,5 g. Die Bedeutung beider für die Ausbildung neuer Währungsstrukturen und das Aufblühen von Handel und Gewerbe ist kaum zu überschätzen. Sie stießen bereits im 13. Jahrhundert die Tür zur Neuzeit auf, denn die numismatisch den Beginn der Neuzeit markierende Talerprägung Ende des 15./Anfang des 16. Jahrhunderts übertrug Zahlkraft und Geldwert der Goldmünzen auf den Bereich der Silbermünzen. Floren und Dukat wurden zu zwei der langlebigsten Münzsorten überhaupt. Das Bild des *Florentiner Guldens* [76] (Vorderseite: Lilie, Rückseite: Johannes der Täufer) wurde im Mittelalter nur im Stil mehrmals modernisiert, das Bild des *venezianischen Dukaten* [77] (Vorderseite: Heiliger Markus und kniender Doge, Rückseite: Christus in der Mandorla) blieb vom Beginn der

Prägung 1284 bis zu ihrem Ende 1797 praktisch völlig unverändert.

Ausgangspunkt der Goldprägung der italienischen Städte war neben dem Bedürfnis nach Münzen mit höherer Zahlkraft wohl ein ganz simples Geschäft. Im nordafrikanischen Maghreb konnte man mit europäischem Silber günstig afrikanisches Gold kaufen. Gold hatte in Europa gegenüber Silber einen erheblich besseren Kurs als im Maghreb (1:10 bis 1:12 in Europa, 1:6 bis 1:8 im Maghreb). Außerdem stellten Goldmünzen eine Ware dar, da ihr Kurs gegenüber den Silbermünzen nicht fix, sondern von Anfang an vom Wertverhältnis der beiden Edelmetalle zueinander abhängig war. Einen Eindruck vom Umfang der Prägung bieten die Bücher des Florentiner Münzamtes, die in guten Jahren einen Ausstoß von bis zu 350000 Florenen verzeichnen, was etwa 1,2 Tonnen Gold entsprach. Nördlich der Alpen war der Floren so begehrt, dass er häufig nachgeahmt wurde. 1332 bot daher Papst Johannes XXII. den Florentinern an, alle diese Nachahmer zu exkommunizieren, falls ihm selbst die Ausgabe von Florenen gestattet würde. Die das Florentiner Gepräge getreulich kopierenden zahlreichen Nachahmungen in ganz Europa bildeten im 14. Jahrhundert zeitweise durchaus eine dem heutigen Euro vergleichbare Einheitswährung. Aus diesen Nachahmungen ragen die seit etwa 1320/25 ausgegebenen *ungarischen Florene* heraus, die wegen der dortigen Goldvorkommen bald in großer Zahl hergestellt wurden und, seit König Ludwig I. (1342–1382) mit nationalisiertem Gepräge versehen [83], im Handel eine bedeutende Rolle spielten.

Bekannte Nachahmungen des Florentiner Guldens in Deutschland sind *Florene* aus den Rheinlanden und aus Lübeck. Lübeck war seit 1340 durch kaiserliches Privileg im Besitz des Rechtes der Goldmünzenprägung, das seit 1356 (Goldene Bulle) auch den Kurfürsten zustand, ansonsten aber – zumindest *de iure* – nur mit besonderer kaiserlicher Genehmigung ausgeübt werden durfte. Auch die deutschen Könige waren am Goldmünzengeschäft beteiligt. Der Reichskämmerer König Sigismunds (1410–1437), Konrad von Weinsberg, setzte ab 1418 eine umfangreiche Prägung von Goldgulden in den königlichen Münzstätten

Frankfurt, Dortmund, Nördlingen und Basel in Gang, die wegen ihres Bildes (Reichsapfel) als *Apfelgulden* [79] bezeichnet wurden. Dieses Bild wurde dann vielfach auf den fürstlichen oder städtischen Goldgulden innerhalb des Reiches übernommen, und so können die Apfelgulden, cum grano salis, als eine Art früher Reichsgoldwährung betrachtet werden.

Aus den rheinischen Nachahmungen des Floren entstand der *rheinische Goldgulden (florenus Rheni)* [78]. Damit wurde von den seit 1385 im sog. Rheinischen Münzverein zusammengeschlossenen vier rheinischen Kurfürsten (Mainz, Köln, Trier, Pfalz) der einträgliche Rheinzoll abgeschöpft, und entsprechend umfangreich war die Prägung. Die rheinischen Goldgulden waren von zentraler Bedeutung für das deutsche Geldwesen bis in die Neuzeit. Nicht nur Goldmünzen, auch Silbermünzen wurden nach rheinischen Gulden bewertet und ihr Kurs (Zahlwert) damit festgesetzt. Das Wort Goldgulden ist eigentlich ein «weißer Schimmel». Da aber zu diesen Goldmünzen später wertäquivalente Silbermünzen *(Guldiner)* traten und der Gulden in der Neuzeit sowohl Rechenwert als auch Münzbezeichnung für Silbergeld wurde, ist zur numismatischen Abgrenzung der an sich tautologische Begriff Goldgulden sinnvoll.

Mit den rheinischen Goldgulden wurde der Standard reiner Goldmünzen, wie ihn Dukat und Floren verkörperten, aufgegeben. Sowohl in Feingehalt als auch im Gewicht unterlagen die rheinischen Goldgulden einem allmählichen Abwärtstrend. Seit dem Ende des 14. Jahrhunderts wurde daher im Geldverkehr zwischen den ursprünglich wertgleichen Dukaten und Goldgulden unterschieden. Als *Dukaten* werden von diesem Zeitpunkt an und bis ins 19. Jahrhundert Münzen aus Feingold (24 Karat) und 3,5 g Gewicht bezeichnet, auch wenn sie nicht aus Venedig stammen. *Goldgulden* bezeichnen demgegenüber Münzen mit einem Gewicht um 3,25 g und einem unterschiedlichen, in der Regel bei 18–21 Karat (750–875/1000) liegenden Feingehalt. Der Dukat blieb vom 13. bis ins 18. Jahrhundert eine internationale Handelsmünze von unverändertem Schrot und Korn und wurde praktisch in allen europäischen Staaten geprägt.

Während Dukaten und Goldgulden in Italien, Mittel- und

Osteuropa dominierten, ging der Westen Europas (Frankreich, Niederlande, England) einen anderen Weg. Hier entwickelten sich größere und schwerere Goldmünzen im Gewichtsstandard zwischen 4 bis maximal 9 g. Den Anfang machte Frankreich unter Philipp IV. (1285–1314) im Jahre 1296 mit einem «großen Floren» *(Grand florin)*, wegen des Zepters in der Hand des thronenden Königs auch *Florenus ad sceptrum (Masse d'or)* genannt. Die Rückseite mit lilienverziertem Kreuz im Vierpass und der Umschrift XPC VINCIT XPC REGNAT XPC IMPERAT (Christus siegt, Christus regiert, Christus herrscht) legte den von da ab nicht mehr veränderten Rückseitentyp der französischen Goldmünzen bis zum Ende des Mittelalters fest. In der Folge wechselten nur die Vorderseitenbilder, von denen vor allem der 1337 eingeführte Typ des thronenden Königs mit Lilienschild *(Écu d'or; Écu a la chaise, Chaise d'or)* große Bedeutung erlangte. Der *Écu (Chaise) d'or* [80] war die erste große französische Goldprägung zur Finanzierung des Krieges mit England, der als «Hundertjähriger Krieg» in die Geschichte einging und für Frankreich anfangs sehr unglücklich verlief. Um das Lösegeld für den 1356 in englische Gefangenschaft geratenen französischen König Johann II. (1350–1364) in Höhe von 3 Millionen *Écu d'or* zu zahlen, wurde 1360 in Frankreich eine neue Goldmünze mit dem Bild eines galoppierenden Ritters aufgelegt. Wegen dieses Bildes und ihres Zweckes, den König aus der Gefangenschaft freizukaufen, erhielt sie den Namen *Franc à cheval* [81] und ist der Ursprung der späteren französischen Währungsbezeichnung *Franc*. Dieser aus Feingold hergestellte Franc wog 3,89 g.

Die englische Antwort auf Écu und Franc war der 1344 unter Edward III. (1327–1377) eingeführte *Noble* [82]. Sein Münzbild, der in einem Schiff stehende König, spielt auf den Sieg der Engländer über die französische Flotte 1340 im Hafen von Brügge an. Mit einem Normgewicht von 8,97 g (1351 auf 7,78 g reduziert) war der Noble doppelt so schwer wie der französische Écu und die größte Goldmünze des Mittelalters. Er wurde zur Leitwährung im Nord- und Ostseehandel. Drei Nobles galten ein Pfund Sterling.

Die Goldmünzen der französischen Lehen, die von den Engländern in Frankreich (Herzogtum Aquitanien/Guyenne) geschlagenen Goldmünzen und die Goldmünzen der Niederlande passten sich den von den französischen Königen ausgegebenen Goldmünzen an. Alle diese prachtvollen, künstlerisch hochstehenden und meist nach ihren abwechslungsreichen Bildern benannten Münzen (*Angel d'or*, *Chaise d'or*, *Couronne d'or*, *Franc d'or*, *Guyennois d'or*, *Heaume d'or*, *Leopard d'or*, *Lion d'or*, *Mouton d'or*, *Pavillon d'or*, *Pieter d'or*, *Royal d'or*, *Salut d'or* u.a.) lassen von der Not des Hundertjährigen Krieges nichts ahnen und bilden – neben den schon erwähnten deutschen Brakteaten des 12. Jahrhunderts – den Höhepunkt der mittelalterlichen Münzprägekunst.

In Spanien und Portugal orientierten sich die Goldmünzen teils an italienischen Vorbildern (*Florene*), teils wurden sie auf einen eigenen Standard gestellt, wie beispielswiese die unter Alfons XI. (1313–1350) in Kastilien eingeführte *Dobla*, die etwas über dem Dukaten lag. Die *Dobla* (bildlich verändert *Henrique;* in Portugal *Dobra*) wurde in verschiedenen Wertstufen ausgegeben – bis hin zu einzelnen Geschenkstücken im Wert von 50 Dobla. In Portugal wurde der *Cruzado* («Kreuzer» nach dem gleichschenkligen breiten Kreuz auf der Rückseite) [84], der unter Alfons V. (1438–1481) die Dobla ablöste, von 1499 bis 1557 in einer besonders großen Münze im zehnfachen Wert, dem *Portuguez*, gemünzt. Als *Portugalöser* ging dieser Münzname seit dem 16. Jahrhundert auf alle Goldmünzen im Gewicht und Wert von 10 Dukaten über.

Am Ausgang des Mittelalters In der zweiten Hälfte des 15. Jahrhunderts ging die Entwicklung noch schwererer und damit werthöherer Silbermünzen als der Groschen wiederum von Italien aus. Diese *Testone* (von ital. *testa* = Kopf) genannten Münzen von knapp zehn Gramm, zuerst von Galeazzo Maria Sforza (1466–1476) in Mailand gemünzt, sind mit ihrem sorgfältigen Stempelschnitt und ihren Individualporträts der Münzherren eindrucksvolle Zeugnisse der Renaissance. Nördlich der Alpen haben sie in Frankreich, der Schweiz und Süddeutschland Fortsetzungen gefunden, wobei sie im deutschsprachigen Raum als *Dicken* bezeichnet wurden. Erzherzog Sigismund von Tirol (1439–1496), mit dem bezeichnenden Beinamen «der Münzreiche», führte die Entwicklung höherwertiger Silbermünzen auf einen lange nachwirkenden Höhepunkt. In seiner Münzstätte Hall (Tirol), der damals modernsten in Europa, entstanden nicht nur seine *Pfundner* genannten Testone, sondern im Jahre 1486 der *Guldiner* [104], eine fast 30 g schwere Silbermünze im Wert eines Goldguldens. Damit war die für die Neuzeit wichtigste Münze, der *Taler* geboren. Im Jahre 1500 folgten die silberreichen Kurfürsten von Sachsen. Die großen Silbermünzen Tirols und Sachsens im Wert eines Goldguldens hießen noch *Guldiner*. Für den Namen *Taler* sorgte erst die seit 1520 von den Grafen von Schlick im böhmischen Joachims*tal* betriebene Massenprägung dieser neuen *Joachimstaler* [105], mit denen die Münze auch technologisch in die Neuzeit eintrat.

4. Münzen des Byzantinischen Reiches (498–1453)

Byzanz verfügte während des frühen und hohen Mittelalters im Unterschied zu Europa über ein sehr gut entwickeltes Geldwesen, dessen Grundlage Gold und dessen Säule der spätantike *Solidus* [85–86] war. Zweitwichtigster Bestandteil war das Kupfergeld [87], während Silbermünzen [88] nur eine untergeordnete Rolle spielten.

Numismatisch beginnt die byzantinische Geschichte mit Anastasius I. (491–518) und dessen Münzreformen im Jahre 498. Bei den Gold- und Silbermünzen gab es nur äußerliche Änderungen, während die Kupfermünzen im Jahre 498 grundlegend umgestaltet wurden. Es wurde eine neue Werteskala von 40, 20 und 10 *Nummi* eingeführt und diese Werte durch Größe, Gewicht und griechische Wertzahl auf den Münzen unterschieden (M = 40 Nummi, *Follis* [87]; K = 20 Nummi, *Halbfollis*; I = 10 Nummi, *Decanummium*, *Viertelfollis*). Im Jahre 512 wurde das Gewicht aller Münzwerte verdoppelt und ein neuer Wert von 5 Nummi (E, *Pentanummium*) hinzugefügt. Unter Justinian I. (527–565) wurde ein 30er-Wert eingeschoben und der 40er-Wert (*Follis*) nochmals im Gewicht angehoben. Die 538/39–541/42 gemünzten Folles Justinians I. sind mit über 25 g die größten und schwersten byzantinischen Münzen. Sie waren damit aber so unhandlich, dass ab 542 das Gewicht allmählich wieder reduziert wurde. Seit 538/39 enthalten die Kupfermünzen meist Datierungen in Form der Herrscherjahre.

Mit dem von Anastasius I. eingeführten und unter Justinian I. (527–565) ausgebauten System von drei Münzwerten in Gold (*Solidus*, *Semis*, *Triens*), zwei, wenn auch wenig gemünzten Arten von Silbermünzen *(Miliarense, Siliqua)* sowie fünf Werten in Kupfer (40, 30, 10, 5, 1 *Nummus*) legt das byzantinische Geldwesen Zeugnis von einem hohen Entwicklungsstand ab.

Bis in die erste Hälfte des 8. Jahrhunderts blieb es im Wesentlichen bei den anastasisch-justinianischen Verhältnissen. Bedeutendste Neuerung war die Einführung eines weiteren Silbernominals unter Herakleios I. (610–641), des *Hexagrammons* (Gewicht von 6 Grammata = 1/12 Solidus = 6,80g). Im 9. Jahrhundert kam es zu einer Reduzierung auf je ein Nominal in Gold *(Solidus/Nomisma/Histamenon)* [86], Silber *(Miliaresion)* [88] und Kupfer *(Follis)* [87]. Wertigkeiten und Umrechnungsverhältnisse der Münzen untereinander sind nicht immer klar erkennbar.

Mit der byzantinischen Verwaltungsreform des 7. Jahrhunderts wurde auch die Zahl der Münzstätten reduziert. Die Münzversorgung des Ostens übernahm allein Konstantinopel, das schon immer die bedeutendste Münzstätte des Gesamtreiches gewesen war. Die nur mit der Kupfergeldherstellung betrauten Münzämter in Kyzikos, Nikomedia und Antiochia/Theupolis stellten ihre Tätigkeit ein. Im Westen, d.h. in den Exarchaten Karthago und Ravenna, waren die Münzstätten in Karthago, Ravenna, Rom und Süditalien aktiv, bis die Gebiete nach und nach an die Araber bzw. Langobarden verloren gingen. Die letzte aktive westliche Münzstätte war Syrakus, das 878 von den Arabern erobert wurde. Zur Versorgung der byzantinischen Gebiete auf dem Balkan wurde im 11. Jahrhundert Thessaloniki wieder belebt.

Im Jahre 1092 wurden unter Kaiser Alexios I. Komnenos

(1081–1118) die Geldverhältnisse gravierend umgestaltet. Der spätantike Goldsolidus wurde endgültig aufgegeben und ein aus vier neuen Münzwerten bestehendes System etabliert. Neue Goldmünzen waren das *Hyperperon* (Gold, 20 1/2 Karat) [89] und das *Elektron-Trachy* (Gold mit verringertem Feingehalt von 6–7 Karat). Das *Billon-Trachy*, auch *Stamenon* (Silber-Kupfer-Legierung, wobei das Silber allmählich ganz verschwand), ersetzte das Milaresion. Neue Kupfermünze wurde das *Tetarteron*. Die Gold- und Silbermünzen ab 1092 (Hyperperon, Elektron-Trachy und Billon-Trachy) sind sog. *Skyphate* [89], d.h. sie sind schüsselförmig geprägt und haben eine konvexe und eine konkave Seite. Die Ursache für diese merkwürdige Prägetechnik ist nicht endgültig geklärt. Nach gängiger Ansicht sollte damit ausgedrückt werden, dass die Münzen nicht mehr aus Feingold (wie *Solidus/Nomisma*) und Feinsilber (wie *Miliarense*), sondern aus edelmetallschwächeren Gold- bzw. Silberlegierungen hergestellt wurden.

Die byzantischen Solidi waren bis zum 11. Jahrhundert eine weithin zirkulierende Weltwährung; man hat sie nicht zu Unrecht die «Dollars» des Mittelalters genannt. Die Aufgabe des *Solidus* zugunsten schwächerer Goldmünzen ab 1092 spiegelt den politischen Niedergang, der 1204 in der Eroberung Konstantinopels durch das Kreuzfahrerheer des Vierten Kreuzzugs und der Errichtung des Lateinischen Kaiserreiches seinen sichtbaren Ausdruck fand. Die Goldprägung (Hyperpera) wurde Mitte des 14. Jahrhunderts eingestellt und die einst so ausdifferenzierte byzantinische Währung bestand am Ende des Reiches 1453 nur noch aus einem dem europäischen Groschen angenäherten Silberwert (*Basilicon, Stavraton*).

Die Bildersprache der byzantinischen Münzen ist vor allem durch Herrscherrepräsentation, Christusbild [86] und Mariendarstellungen charakterisiert. Die kaiserliche Propaganda bediente sich als Medium hauptsächlich des Solidus, wobei neben dem Herrscher auch die kaiserliche Familie (Mitregenten) ins Bild gesetzt wurde.

5. Islamische Münzen (7.–15. Jahrhundert)

Die arabischen Stämme hatten zur Zeit des Propheten Mohammed (gest. 632) noch keine eigene Münzprägung. Nach ihrer raschen Eroberung des iranischen Sasanidenreiches und großer Teile des Byzantinischen Reiches im 7. Jahrhundert waren sie vor das Problem gestellt, die Münzproduktion in einem an Geldwirtschaft gewöhnten Gebiet zu organisieren. Im Bereich der byzantinischen Währung wurden in Gold und Kupfer teils die byzantinischen Typen nachgeahmt, teils etwas freier interpretiert bis hin zur Darstellung des Kalifen [90]. Im ehemals sasanidischen Reichsgebiet wurden auf die Drachmen zusätzliche arabische Inschriften mit Namen des Kalifen oder Statthalters geprägt *(Arabo-Sasaniden)*.

Unter dem Kalifen Abdalmalik ibn Merwan (685–705) wurde zwischen 696 und 698 das Münzwesen neu organisiert. Bei den Goldmünzen trat an die Stelle des Solidus der *Dinar* [92], erstmals 696/97 geprägt, bei den Silbermünzen an die Stelle der sasanidischen Drachme der *Dirham* [91], erstmals 697/98 geprägt. Kupfermünzen (*Fals*, Pl. *Fulus*) spielten nur noch als lokale Zahlungsmittel eine gewisse Rolle. Der *Dinar* entsprach einem *Mitkal* zu 20 syrischen Karat und hatte damit ein Normgewicht von 4,25 g Gold. Er galt anfangs 10 Dirham, wobei das Werteverhältnis in Relation zum Gold-Silber-Verhältnis schwankte. Der *Dirham* ist der sasanidischen Drachme entlehnt und hatte ein Normgewicht von 2,86 g, das Mitte des 8. Jahrhunderts auf 2,97 g erhöht wurde.

Für *Dinar* (Plural arabisch: *dananir*, deutsch: *Dinare*) und *Dirham* (Pl. arabisch: *darahim*, deutsch unterschiedlich: *Dirham, Dirhem, Dirhame*) wurde ein einheitliches, nur aus Schrift bestehendes Münzbild festgelegt. Die Schrift ist das alte *Kufi*, weshalb die islamischen Münzen häufig als *kufische Münzen* bezeichnet werden. Sie enthalten neben Koransprüchen auch die Angabe des Prägeortes und des Prägejahres nach der islamischen Zeitrechnung (*Hidschra*, AH), die mit dem Jahr 622 (Flucht des Propheten Mohammed von Mekka nach Medina) beginnt. Seit 218 AH (833 AD) kommt der Name des Kalifen hinzu und wenig später auch die Namen der jeweiligen regionalen Machthaber. Neben der Nennung im Freitagsgebet war der Name auf Münzen gewissermaßen urkundliches Zeugnis anerkannter und ausgeübter Macht. Daher sind die islamischen Münzen – auch wenn sie äußerlich wenig attraktiv erscheinen – durch ihre präzisen Herrscher-, Zeit- und Ortsangaben wichtige und zum Teil einzigartige Zeugnisse für die Geschichte des islamischen Raumes, der eine Vielzahl von regionalen und lokalen Dynastien und Potentaten aufzuweisen hat, die bisweilen nur durch Münzen bezeugt sind.

749 löste die Dynastie der Abbasiden die Umayyaden als Kalifen ab und begründete Bagdad als neue Hauptstadt. Seit 940 waren die Buyiden, seit 1055 die türkischen Seldschuken die dominierenden Mächte im Kalifat. Eine umfangreiche Dirhamprägung entfalteten die 819–1005 im westlichen Zentralasien (Transoxanien, Zentren Buchara und Samarkand) herrschenden Samaniden.

Die arabischen Goldmünzen (Dinare) spielten unter der Bezeichnung *mancusi (mancus)* auch im europäischen Westen eine Rolle, und die Silbermünzen (Dirham) gelangten durch die Wikinger in großer Zahl nach Nord- und Osteuropa. Um die Jahrtausendwende hörte der arabische Münzexport nach Europa fast schlagartig auf, da vermutlich die Silbervorräte des Kalifates erschöpft waren. Als Folge wurde der Silbergehalt der Dirham stark verringert, bis hin zu fast reinen Kupfermünzen, und die Gewichte wurden uneinheitlich. Eine klare Wertstufung und Nominalisierung ist dabei nicht erkennbar, so dass seit dem 11. Jahrhundert numismatisch alle, auch die schlechtesten Silbermünzen, gemeinhin als Dirham, Goldmünzen als Dinare und Kupfermünzen meist ohne Nominalbezeichnung (selten als *Fulus*) geführt werden. Zu größeren Abweichungen vom weiterhin rein epigraphischen Typ und zu bemerkenswerten, an antike und byzantinische Traditionen anknüpfenden figürlichen Münzbildern kam es im 12. und 13. Jahrhundert auf Kupfermünzen der Artuqiden und Rum-Seldschuken. In Syrien und Palästina existierten im Zeitraum 1098–1291 verschiedene Kreuzfahrerstaaten mit eigenen Münzprägungen nach europäischem Muster (Königreich Jerusalem, Grafschaften Edessa und Tripoli, Fürstentum Antiochia), im kilikischen Armenien existierte etwa 1199–1342 unter den Rubeniden ein christliches Königreich mit ebenfalls eigener Münzprägung.

Die seit 1220 einfallenden Mongolen setzten 1258 dem abbasidischen Kalifat in Bagdad ein Ende, und in dem folgenden Großreich der mongolischen Ilchane wurde zwischen 1278 und 1355 das Gewicht der Dirham kontrolliert zwölfmal verringert (von 2,85g auf 0,84g). Auf den Münzrückseiten erscheint die neu entwickelte mongolische Schrift. Unter den Timuriden (1370–1507) wurden die Silbermünzen *(Tangkas)* wieder größer und schwerer. Von dauerhafter Bedeutung waren die Münzen der turkmenischen Osmanen, die seit Ende des 13. Jahrhunderts in Anatolien herrschten und deren Kleinstaaten (Beyliks) nach 1335 neue Münzen in Silber (*Akçe*, *Aqce*; türkisch «weißlich», ca. 1,5g) und Kupfer (*Manghir*; 0,90–3,32g) prägten. 1454 wurde unter Mehmed II. (1451–1481), dem Eroberer Konstantinopels, als neue Goldmünze der etwa dem Dukaten entsprechende *Altun* (türkisch: Gold; 3,43g; *Sultani Altun*, *Aschrafi*) eingeführt.

In Ägypten entstanden unter den Dynastien der Tuluniden (868–905), Ikschididen (935–969), Fatimiden (969–1171) und Ayubiden (1171–1250) zahlreiche Münzen in Gold, Silber und Kupfer, die sich – vor allem seit der Zeit der schiitischen Fatimiden [93] – in den Inschriften deutlicher von den anderen islamischen Münzen unterscheiden, allerdings nur für den des Arabischen kundigen Betrachter. Erst unter den 1250–1517 herrschenden Mamluken kamen auf Silber- und Kupfermünzen auch bildliche Unterscheidungen vor, und seit dem frühen 15. Jahrhundert wurden die Goldmünzen nach dem Standard des venezianischen Dukaten geprägt (*Ashrafi*, nach dem Mamlukensultan Ashraf Barsbay (1422–1438).

Im nordafrikanischen Maghreb gab es eigene Münzprägungen der Idrisiden (789–985), Tuluniden (868–905), Aglabiden (800–866), Fatimiden (909–972), Ziriden (972–1148), al-Morabitun/Almorawiden (1046–1147), al Muwahhidun/Almohaden (1148–1269), Hafsiden (1237–1551) und Meriniden

(1269–1465). Aufgrund des aus dem Sudan bezogenen Goldes war hier die Goldmünzenprägung besonders umfangreich, wobei sich im 12. Jahrhundert ein neuer, breiter Dinartyp mit der Mittellegende im Quadrat durchsetzte und Silbermünzen ganz in viereckiger Form hergestellt wurden.

Auf der 711 eroberten Iberischen Halbinsel, dem arabischen *al-Andalus*, entstand unter dem Umayyaden Abd-er Rahman III. (912–961) ein Kalifat mit eigenen Gold- und Silbermünzen ab 929, die aber im üblichen Habitus der Dinare und Dirham blieben. In der ab 1030 einsetzenden politischen Zersplitterung (*Taifa*-Reiche) wurden Münzen von einer Vielzahl von Kleinstaaten geprägt, welche im Laufe der Reconquista den christlichen Königreichen Kastilien, Leon, Navarra, Katalonien-Aragon und Portugal weichen mussten, bis 1492 der letzte der maurischen Reststaaten, das Reich der Nasriden in Granada, fiel.

IV. Münzen der Neuzeit

Der am Übergang zu Großsilbermünzen (Taler) abzulesende Schritt vom Mittelalter in die Neuzeit Ende des 15. Jahrhunderts fußte noch ausschließlich auf den europäischen Silbervorkommen, die zu dieser Zeit neu erschlossen bzw. durch verbesserte Fördertechnik (Wasserkunst) in größerer Tiefe abgebaut werden konnten. Im Laufe des 16. Jahrhunderts kam dann das südamerikanische Silber hinzu, das von den spanischen Silberflotten jährlich in immer größerem Umfang nach Europa verschifft wurde. Zu Beginn des 17. Jahrhunderts zeigte sich, dass der ständig steigende Geldbedarf auch mit amerikanischem Silber nicht mehr befriedigt werden konnte. Die Geldkrise in der Anfangsphase des Dreißigjährigen Krieges, die in der Inflation der sog. Kipper-und-Wipper-Zeit (1619–1623) ihren markantesten Ausdruck fand, ebnete dem Kupfer als drittem Münzmetall den Weg, nicht nur im Bereich der Kleinmünzen. Reine Kupfermünzen wurden schon ab 1577 in Frankreich und ab 1599 in

Spanien ausgegeben, obwohl Spanien vom amerikanischen Silber eigentlich am meisten profitierte, wegen seiner notorisch defizitären Handelsbilanz dieses Silber aber sofort an die europäischen Nachbarn verlor. In Schweden war Kupfer in Form der sog *Plåtmynt (Plattenmünze)* von 1643 bis 1768 sogar eine weitverbreitete Parallelform des kuranten Silbergeldes. In Deutschland dagegen – das münzgeschichtlich immer konservativ und auf werthaltiges Silbergeld fixiert war – setzte sich das seit der Kipper-und-Wipper-Inflation in schlechtem Ruf stehende Kupfergeld selbst für Scheidemünzen erst im 18. Jahrhundert, allgemein sogar erst im 19. Jahrhundert durch. Dem «silbernen» 16. und dem «kupfernen» 17. folgten im 18. und 19. «goldene» Jahrhunderte, d.h. in dieser Zeit wurden überall auf Gold oder auf Gold und Silber (bimetallisch) gegründete Währungssysteme eingeführt, wobei das zwischen beiden Edelmetallen schwankende Wertverhältnis ein ständiges Problem darstellte. Mit der Währungsunion zwischen dem Norddeutschen Bund und der Habsburger Donaumonarchie im Jahre 1857 sowie der Lateinischen Münzunion Frankreichs, Italiens, der Schweiz und der Balkanstaaten im Jahre 1865 entstanden in Europa großflächigere Währungsräume mit Goldwährung. Insgesamt galt für alle Goldmünzen, mit Ausnahme der Jahre zwischen ca. 1850 und 1914, dass sie nicht in einem festen Kurs zum Silbergeld standen, sondern nach Tageskurs und meist mit deutlichem Agio (Aufgeld) kursierten. Mittels Waagen und dazugehöriger geeichter *Passiergewichte* wurde in der Regel jede Goldmünze im Zahlungsverkehr bis zur Mitte des 19. Jahrhunderts einzeln geprüft und bewertet.

Seit dem 18. Jahrhundert kam Papiergeld in Form von Banknoten (die jederzeit gegen Münzgeld eingetauscht werden konnten) und Staatsnoten (die keinen Anspruch auf Einlösung zum Nennwert hatten) in Gebrauch, da das Münzgeldvolumen im Zahlungsverkehr nicht mehr ausreichte.

Die *Geld*geschichte der Neuzeit lässt sich übernational darstellen, die *Münz*geschichte ist aber überall eine der Nationalstaaten und kann – auch in einer so kurz gefassten Darstellung – nur auf dieser Basis abgehandelt werden.

1. Altes Reich und Deutschland

Die Münzgeschichte des heutigen Deutschland ist ebenso wie die Österreichs bis 1806 in die des Heiligen Römischen Reiches Deutscher Nation (Altes Reich) eingebettet, dessen nominelles Oberhaupt der Kaiser war, der deshalb auch auf den meisten Münzen genannt wird. Die Reichsstände, soweit sie Münzrecht hatten (d.h. geistliche und weltliche Fürsten aller Couleur, Reichsstädte, Ritterschaft etc. mit Sitz und Stimme im Reichstag), waren an gewisse Grundregeln gebunden, in der bildlichen Gestaltung ihrer Münzen aber weitgehend frei. Es gab im Alten Reich über 300 geistliche und weltliche Territorien sowie Reichsstädte mit – zumindest zeitweiser – eigener Münzprägung. Der Reichsdeputationshauptschluss von 1803 verringerte diese Zahl auf unter 50, und im deutschen Kaiserreich ab 1871 waren es immerhin noch 25. Es ist daher kein nationaler Überschwang, wenn man die Münzgeschichte Deutschlands als die vielfältigste und komplizierteste Europas bezeichnet.

Im 16. Jahrhundert befassten sich nicht weniger als drei kaiserliche Reichsmünzordnungen (1524, 1551, 1559/1566) mit einer reichsweiten Vereinheitlichung des Münzwesens. Sie scheiterten jedoch alle mehr oder weniger. Im Endeffekt blieben in Gold der *Dukat* und in Silber der *Taler* als allgemeine *Reichsmünzen* übrig. Nur diese Münzsorten waren reichsweit in Gewicht und Feingehalt einheitlich, wenn auch bildlich überall verschieden.

Der *Dukat* hatte ein Normgewicht von 3,49 g und einen Feingehalt von 23 2/3 Karat (986/1000). Diese Norm wurde stets eingehalten, anderenfalls war die Münze eben kein Dukat. Keine offizielle Reichsmünze, aber als solche toleriert, war der *Goldgulden*. Um 1550 stand der *rheinische Goldgulden* als die wichtigste Goldguldensorte bei einem Gewicht von 3,25 g und einem Feingehalt von 18 1/3 Karat (764/1000). Diese Norm ist im Laufe der Zeit etwas verringert worden, so dass der Goldgulden eine im Wert schwankende Goldmünze darstellte.

Der *Taler* wurde ab 1566 im 9-Taler-Fuß (9 Taler aus der Mark Feinsilber zu 233,812 g) gemünzt und hatte ein Normgewicht von 29,23 g bei einem Silberanteil von 25,99 g (= 889/1000 fein). Der gleiche Feingehalt (889/1000) galt auch für Halbtaler, Vierteltaler (*Reichsort*) und Achteltaler (*halber Reichsort*). Für diese Münzen im Talerfuß (der im Prinzip bis zum Ende des Alten Reiches 1806 galt) bürgerte sich die Bezeichnung *grobes Silbergeld* bzw. *Silberkurant* ein. Alle Sorten unterhalb des Achteltalers galten als *Landmünzen* und wurden nach regional unterschiedlichen Vorschriften gemünzt, wobei diese Vorschriften und ihre Kontrolle wie die Aufsicht über das Münzwesen überhaupt seit 1559 Sache des jeweiligen Reichskreises war. Das Reich war seit 1512 in zehn Reichskreise gegliedert (Bayerischer, Burgundischer, Fränkischer, Kurrheinischer, Niederrheinisch-Westfälischer, Niedersächsischer, Oberrheinischer, Obersächsischer, Österreichischer, Schwäbischer Reichskreis). Die Reichskreise erließen eigene Münzordnungen und auf jährlichen bzw. halbjährlichen *Probationstagen* wurden deren Einhaltung sowie die geprägten Münzen kontrolliert. Mit Ausnahme der Bergsilber besitzenden Stände, die eigene Münzstätten unterhalten durften, sollten alle Münzen nur in den vom Kreis festgelegten Münzstätten geprägt werden. Jeweils mehrere Kreise sollten korrespondierend in Münzbezirken zusammenarbeiten.

Der Taler wurde je nach Landeswährung verschieden unterteilt. In der süddeutsch-österreichischen Kreuzerwährung galt er 72 *Kreuzer*, in der mitteldeutschen Groschenwährung 24 *Groschen* bzw. 36 *Mariengroschen*, in der norddeutschen Schillingwährung 32 *Schilling*, in der westdeutsch-rheinischen Albuswährung 34 *Albus*. Unterster Münzwert war allgemein der *Heller* oder *Scherf* – Luthers *Scherflein* der armen Witwe – im Wert eines halben Pfennigs. Auf den Taler wurden 288 Pfennige gerechnet. Der Kreuzer galt vier Pfennige, das Dreikreuzerstück entsprach dem Groschen, der wie der Schilling 12 Pfennige wert war. Dazwischen gab es zahlreiche weitere regionale Kleingeldsorten (*Dreier/Dreiling*, *Sechser/Sechsling*, *Batzen*, *Gröschel*, *Grote* u. a.). Bis in das 19. Jahrhundert waren alle Münzsysteme in Deutschland *Duodezimalsysteme* auf der Basis der Kölner Mark von 233,812 g. Erst mit dem Wiener Münzvertrag wurde

1857 das *Dezimalsystem* auf der Basis des Pfundes von 500g eingeführt.

In der Kipper-und-Wipper-Zeit (1619–1623) wurde unter Umgehung aller Reichsvorschriften massenhaft minderwertiges Kleingeld produziert. Überall wurden neue Münzstätten eingerichtet (z.B. in so kleinen Territorien wie Brandenburg-Ansbach 12 und in Mansfeld sogar 40). Hauptkippermünzen waren *24-Kreuzer (Sechsbätzner)*, *12-Kreuzer (Schreckenberger)*, *Doppelschillinge* sowie *Groschen* und *Groschenvielfache*. Der Reichstaler stieg um mehr als das Zehnfache bis auf über 1000 Kreuzer (240 Groschen), wurde aber selbst nicht in den Kipperstrudel hineingezogen und blieb allen Münzständen «heilig». Das Kippergeld wurde zwar nach 1623 allgemein relativ schnell eingezogen und in bessere Münzen umgeprägt, doch ließ sich der alte Reichstalerfuß angesichts des Geldbedarfs und des gestiegenen Silberpreises nicht mehr halten. Aufgeben wollte man ihn auch nicht, und so verhandelte der in Permanenz in Regensburg tagende Reichstag ebenso permanent über einen neuen Reichsmünzfuß. Um bis dahin bestehen zu können, verabredeten Kursachsen und Brandenburg 1667 den sog. *Zinnaischen Münzfuß (10 1/2-Taler-Fuß)*. Der Kunstgriff bestand darin, dass der alte Reichstaler im 9-Taler-Fuß formell nicht angetastet wurde und als neue Großsilbermünzen keine Taler, sondern *Zweidritteltaler (Gulden)* sowie *Drittel-* und *Sechsteltaler* gemünzt wurden. Der alte Reichstaler mutierte zum «Taler in specie» *(Speziestaler)*. Er kam zwar nicht ganz aus dem Verkehr, wurde aber fast nur noch für Repräsentationsgepräge und besondere Anlässe wie *Sterbetaler* und ähnliche Gedenkmünzen verwendet.

Die zahlreichen Sterbetaler und anderen Memorialmünzen im Talergeld sind eine Besonderheit des deutschen Münzwesens, ebenso wie die Ausbeutetaler und Lösertaler. *Ausbeutetaler* wurden von verschiedenen Münzherrschaften aus dem Ertrag einzelner, auf den Münzen meist genannter Bergwerke gemünzt. Die *Löser* – breite Silbermünzen im Wert und Gewicht von bis zu 25 Reichstalern, der Name geht vermutlich auf die goldenen *Portugalöser* zurück – wurden von den verschiedenen

Linien des Braunschweigischen Herzogshauses zwischen 1574 und 1685 aus dem Silber der Bergwerke des Harzes gemünzt.

Zahlreiche Münzstände folgten dem sächsisch-brandenburgischen (Zinnaischen) Münzfuß. Dabei wurde wegen des fortwährenden Anstiegs des Silberpreises, teils aber auch aus schnöder Gewinnsucht (krassestes Beispiel ist Sayn-Wittgenstein), der Feingehalt stärker verschlechtert, so dass es ab 1675 zu einer zweiten Kipperzeit kam, die erst 1712 durch eine abermalige Verringerung des Münzfußes *(12-Taler-Fuß, Leipziger Münzfuß)* überwunden wurde. Die ergebnislosen Beratungen des Reichstags führten 1738 schließlich zur faktischen Anerkennung des 12-Talerfußes als Reichsmünzfuß. Inzwischen war aber die Silberprägung auch nach 12-Talerfuß infolge des weiter gestiegenen Silberpreises unrentabel geworden, und die beiden dominierenden Mächte des Reiches, Österreich und Preußen, schlugen eigene Wege ein, die Münzprägung den realen Gegebenheiten und ihrer Politik anzupassen.

1750 setzte König Friedrich II. von Preußen eine grundlegende Reform des preußischen Münzgeldes um, deren Kernstück ein neuer Taler war (Normgewicht 22,272 g, Silberanteil 16,704 g = 750/1000), welcher ebenso stolz wie anmaßend «Reichstaler» genannt wurde [110]. Dieser Name wurde den Münzen auch ausdrücklich über dem auf einem Waffenarsenal posierenden preußischen Adler aufgeprägt. Der neue *preußische Reichstaler* folgte einem *14-Taler-Fuß*, der nach Friedrichs Generalmünzdirektor Johann Philipp Graumann auch «Graumannscher Münzfuß» heißt. Im Siebenjährigen Krieg (1756–1763) außer Kraft und durch minderwertiges Kriegsgeld (*Ephraimiten*) ersetzt, wurde er 1764 in verbesserter Form wieder aufgenommen und blieb die Grundlage des preußischen Münzwesens auch bei der 1821 die Provinzialmünzen zugunsten einer Straffung des Münzsystems abschaffenden Reform (1 Taler = 30 *Silbergroschen* = 360 *Pfenninge*, ausdrücklich mit drei «n»).

Österreich hatte 1750 ebenfalls den alten Reichstaler aufgegeben und auf der Basis des Silberguldens zu 60 Kreuzer einen geringeren Münzfuß angenommen, der 1753 durch eine Münzkonvention mit Bayern zum sog. Konventionsfuß wurde. Der in zahlreichen deutschen Territorien geprägte *Konventionstaler (Doppelgulden)* wurde zu 10 Stück aus der Mark Feinsilber gemünzt (Normgewicht 28,06g, Silberanteil 23,38g = 833,33/1000). Er galt in Österreich 120, in Bayern und den deutschen Territorien aber 144 Kreuzer, so dass der Konventionsfuß in Deutschland eigentlich ein 24-Gulden-Fuß war.

1838 wurde durch den Dresdner Münzvertrag in den Staaten des Deutschen Zollvereins die norddeutsche (preußische) Talerwährung und die süddeutsche Guldenwährung in der Parität von 2 Taler = 3 1/2 Gulden zusammengeführt. Die neue Talermünze entsprach dem preußischen Taler und hieß nun *Vereinstaler* [113]. Der Wiener Münzvertrag bezog 1857 Österreich in diese Regelung ein (2 Taler preußisch = 3 1/2 Gulden süddeutsch = 3 Gulden österreichisch) und brachte als Neuerung die Einführung des Dezimalsystems und des Pfundes von 500g anstelle der bisherigen Kölner Mark. Diese neue Grundlage wurde auch auf den Münzen selbst ausgedrückt. So heißt es auf den *Vereinstalern* ab 1857 nicht mehr XIV EINE F[EINE] M[ARK], sondern XXX EIN PFUND FEIN, d.h. 30 Taler entsprachen einem Pfund Feinsilber.

Bei den Goldmünzen spielte der *Goldgulden* seit der zweiten Hälfte des 17. Jahrhunderts keine Rolle mehr. Der *Dukat* behauptete sich zwar bis ins 19. Jahrhundert, wurde aber seit dem Beginn des 18. Jahrhunderts zunehmend durch schwerere Goldmünzen nach dem Vorbild der spanischen *Pistole* und des französischen *Louisdor (Louis d'or)* verdrängt. Von diesen Goldmünzen im Wert von fünf Talern, die meist – in Anlehnung an den Louisdor – den Namen ihres Münzherrn trugen (*Augustdor* in Sachsen, *Friedrichsdor* und *Wilhelmsdor* in Preußen, *Friedrich-Franzdor* in Mecklenburg, *Georgsdor* und *Karlsdor* in Braunschweig, *Maxdor* in Bayern u.a.), wurde der 1750 eingeführte preußische *Friedrichsdor* [98] zur wichtigsten Sorte für die Gebiete der Talerwährung (6,682g bei 6,055g Gold = 906/1000 fein). Für die süddeutschen Länder der Guldenwährung bildeten die erstmals in Bayern 1736 gemünzten, später von vielen anderen Münzständen übernommenen *Karoline*

(Karldor) im Wert von zehn Gulden das entsprechende Pendant. Seit 1775 nicht mehr geprägt, wurde der Karolin zu einem Rechenwert von 11 Gulden in Kleingeld. Der Dukat kam nicht ganz aus der Mode und lebte in den aus Harzgold und Flussgold (Rhein, Donau, Isar, Inn) geprägten Dukaten fort.

Mit der *Krone* [102] brachte der Wiener Münzvertrag eine neue Goldmünze im Dezimalsystem (1/50 Goldpfund = 10g Gold bei 900/1000 fein), die aber – wie alle bisherigen Goldmünzen – eine Handelsmünze war und in keinem festen Verhältnis zum Silbergeld stand. Erst nach der Begründung des Deutschen Reiches 1871 fiel die Entscheidung für eine Goldwährung auf der Basis der *Mark* zu 100 *Pfennigen*, die mit dem Münzgesetz von 1873 eingeführt wurde. Die Krone ging im 10-Mark-Stück, die Doppelkrone im 20-Mark-Stück [103] auf. Die Vereinstaler des Wiener Münzvertrags blieben zum Kurs von drei Mark bis 1907 gültig, ab 1909 wurden dann eigene 3-Mark-Stücke [138] gemünzt. Die Gestaltung der Vorderseiten der 20-, 10-, 5-, 3- und 2-Mark-Stücke war den Bundesstaaten frei gestellt, die Rückseiten sowie alle Werte ab 1 Mark waren reichsweit einheitlich. Ein 20-Mark-Stück enthielt 7,16846g, ein 10-Mark-Stück 3,58423g Gold; das 5-Mark-Stück enthielt 25g, das 3-Mark-Stück 15g, das 1-Mark-Stück 5g Silber. Im Juliusturm der Festung Spandau lagen 1914 120 Millionen Mark in Goldmünzen (= 48 Tonnen Gold) als Reichskriegsschatz.

Mit dem Ersten Weltkrieg brach die Goldwährung zusammen. Während der Inflation 1922/23 gab es Aluminiummünzen zu 3, 200 und 500 Mark und in Westfalen sogar staatliches Notgeld in Münzform bis zu 1 Billion Mark. 1923 wurde die Inflation gestoppt und am 18.11.1923 die *Rentenmark* eingeführt (1 Rentenmark = 1000000000000 (Gold)Mark). Die Rentenmark stellte praktisch den Vorkriegszustand der Währung wieder her. Ein Vorkriegsvermögen von 1 Billion (Gold) Mark (ein unvorstellbarer Wert) hatte sich in die handliche Größe einer Rentenmark verwandelt. Der Dollar entsprach vor dem Krieg 4,20 (Gold)Mark, jetzt 4,2 Billionen (Gold)Mark oder 4,20 Rentenmark. Ab 30.8.1925 hieß die Rentenmark schließlich *Reichsmark* [139–140]. Die Währungsreform 1948 knüpfte die neue *Deutsche Mark* [142] an den gleichen Kurs von 1 Dollar = 4,20 DM.

2. Österreich und die Länder der Donaumonarchie

Da die Habsburger seit 1440 – mit Ausnahme des Zeitraums 1740 bis 1745 – immer die Kaiser des Heiligen Römischen Reiches und die deutschen Könige stellten, ist das Münzwesen Österreichs bis 1806 eng mit der des Alten Reiches und Deutschlands verwoben. Nach der Abdankung Kaiser Karls V. 1556 gingen die Kaiserkrone und die deutsche Königskrone dauerhaft an den österreichischen Zweig der Habsburger, zu dessen Reich auch Böhmen, Mähren, Schlesien und Ungarn sowie Teile Italiens, der Niederlande und des Balkans gehörten. Die Münzgeschichte dieser Länder ist daher weitgehend von Wien bestimmt, auch wenn in den Ländern zum Teil eigene, mehr oder weniger abhängige Regenten auf dem Thron saßen. Die Mischung aus zentralen Vorgaben und regionalen Besonderheiten kennzeichnet das Münzwesen im Habsburgerreich. *Dukat* und *Taler* waren die von einigen Variationen umrankten Säulen, unterhalb derer sich im Bereich des Kleingeldes die regionale Vielfalt manifestierte. Das galt selbst innerhalb Österreichs, wo Kärnten, die Steiermark, Salzburg und Tirol bis in die Zeit Maria Theresias (1740–1780) ihre Münzeigenheiten hatten. Wichtigste österreichische Kleinmünze war der *Kreuzer*, der 4 Pfennige galt und zu 72 Stück auf den Reichstaler gerechnet wurde.

Die Probleme des unrentablen Reichstalers, die seit dem 17. Jahrhundert durch den stark steigenden Silberpreis immer drängender wurden, wurden 1750 durch einen neuen Münzfuß gelöst, der den Taler auf dem seit 1692 geltenden Stand von 120 Kreuzer fixierte. Der nach der im gleichen Jahr mit Bayern abgeschlossenen Münzkonvention als *Konventionstaler* oder *Doppelgulden* (nach dem Silberguldiner des 16. Jahrhunderts zu 60 Kreuzern) bezeichnete neue Taler (23,386 g Silber) wurde in Werte von 30 bis 1 Kreuzer gestückelt. Als *Maria-Theresia-Taler (Mariatheresientaler)* [109] erreichte der neue Taler Weltruf. Er war insbesondere in der Türkei und Nordafrika sehr beliebt, in Abessinien sogar bis 1945 Landeswährung. Mit der Jahreszahl 1780 sind die Mariatheresientaler nach dem Tode der Kaiserin ständig weiter gemünzt worden, nicht nur in Österreich, sondern zwischen 1935–1961 auch in Rom, London, Paris, Brüssel und Bombay. Insgesamt sollen etwa 400 Millionen Mariatheresientaler hergestellt worden sein. Auch heute noch prägt sie das Wiener Münzamt mit der Jahreszahl von 1780.

Nach der Niederlegung der römischen Kaiserkrone 1806 wurde Kaiser Franz II. zu Kaiser Franz I. von Österreich. Das Münzwesen änderte sich erst 1857, dann allerdings grundlegend durch die Währungsgemeinschaft mit Preußen, die Einführung des Dezimalsystems und des *Guldens* als neuer Silbermünze zu 100 Kreuzern sowie der *Krone* als neuer Goldmünze. Als das neue Deutsche Reich ab 1873 die Markwährung einführte, antwortete Österreich 1892 mit der *Kronenwährung* (1 *Krone* = 100 *Heller*). Als Handelsmünzen wurden bis 1915 Dukaten und – als Äquivalent zu den 10 und 20 Franc der Lateinischen Münzunion – 4 und 8 Gulden gemünzt. Währung der 1918 ausgerufenen Republik Österreich wurde 1925 der *Schilling* zu 100 *Groschen*.

Neben den habsburgischen Kaisern prägten in Österreich auch die Erzbischöfe von Salzburg eigene Münzen, seit dem 16. Jahrhundert ausgesprochen stattliche Goldmünzen (bis zu 100 Dukaten) und Taler. Dagegen beschränkte sich die Münzprägung der sog. österreichischen Neufürsten (Wiener Hofadel) auf wenige Repräsentativprägungen im 18. und 19. Jahrhundert

Böhmen hatte bis 1780 eigene Münzen, die sich zwar bildlich, in den Nominalen aber nicht wesentlich von den habsburgisch-österreichischen unterschieden. Unterster Münzwert war der *Haler* (Heller). Er wurde 1918 dem Münzwesen der Tschechoslowakei zugrunde gelegt *(1 Krone/Koruna = 100 Heller/Haleru)*. Außer dem Kaiser gaben in Böhmen auch andere Stände Münzen aus, so die Bischöfe von Olmütz, die Grafen von Schlick [105], der «Winterkönig» Friedrich von der Pfalz (1618–1621), der kaiserliche Feldherr Albrecht von Wallenstein 1626–1634 als Reichsfürst und Herzog von Friedland und Sagan [107].

Als umsichtiger Geschäftsmann zog Wallenstein erheblichen Gewinn aus einem von Hans de Witte gegründeten Münzkonsortium, dem die böhmischen, mährischen und niederösterreichischen Münzstätten 1622/23 für 6 Millionen Gulden verpachtet waren und das noch deutlich mehr an der Produktion minderwertigen Münzgeldes verdiente.

Schlesien hatte seine Landmünzen in *Gröschel* (3/4 Kreuzer), *Poltura* (1/2 Kreuzer) und *Denar* (1/4 Kreuzer). Außer dem Kaiser gaben als Erbe der piastischen Vergangenheit des Landes mehrere kleinere Herzog- und Fürstentümer (am bedeutendsten Liegnitz-Brieg und Jägerndorf) sowie Bistum und Stadt Breslau eigene Münzen aus. 1740 wurde Schlesien durch Friedrich den Großen Preußen einverleibt, behielt jedoch bis 1821 eigene Provinzialmünzen.

3. Schweiz

Bis zum Ende des 18. Jahrhunderts entsprach das Schweizer Münzwesen in etwa den deutschen Verhältnissen mit zahlreichen Münzständen (Kantone, Städte, Bistümer, Abteien – insgesamt 23 Münzstände), dem *Taler* als Hauptmünze und einer landestypischen Stückelung der Kleinmünzen. Offiziell löste sich die Schweizerische Eidgenossenschaft erst 1648 vom Reich, de facto war das für den größten Teil des Territoriums bereits seit dem Ende des Mittelalters der Fall. Bedeutendste Münzproduzenten waren Basel (Bistum, Stadt, Kanton), Bern (Stadt und Kanton) und Zürich (Stadt und Kanton). Typische Schweizer Nominale sind z. B. *Angster*, *Bluzger*, *Batzen*, *Heller*, *Örtli*, *Schillinge*, *Sols*, *Rappen*. Die durch das revolutionäre Frankreich 1798 etablierte Helvetische Republik führte die Schweiz in die monetäre Gemeinschaft mit Frankreich und als Schweizer Währung nun den *Franken* = 10 *Batzen* = 100 *Rappen* ein. Beides wurde beibehalten, als sich die Eidgenossenschaft 1815 wiederbegründete und die 22 Kantone ihr Münzrecht zurückerhielten. 1848 wurde das kantonale Münzrecht aufgehoben und einheitliche Münzen im Wert von 5 Franken bis 1 Rappen geprägt. Alle alten Münzen – fast 66 Millionen Stück – wurden umgetauscht. 1865–1927 war die Schweiz Mitglied der Lateinischen Münzunion (s. Frankreich). 1883 bis 1936 waren Goldmünzen im Verkehr (10, 20, 100 Franken), die bekannteste ist das 1897–1949 geprägte *Vreneli* (20 Franken). Das seit 1848 gemünzte silberne 5-Franken-Stück wurde 1931 verkleinert und 1968 ganz entsilbert, die umgangssprachliche Bezeichnung «Fünfliber» (5 Livre) für das heutige 5-Frankenstück aus Kupfer-Nickel erinnert an die große Tradition.

4. Italien

Wie Deutschland fand Italien verhältnismäßig spät zum Nationalstaat und verfügte bis ins 19. Jahrhundert über eine ähnlich zersplitterte politische Struktur und daraus resultierend zahlreiche Münzherrschaften, in Norditalien vor allem die Herzogtümer Piemont-Savoyen (seit 1720 Königreich Sardinien-Piemont), Mailand, Mantua, Modena, Parma, sowie die Republiken Venedig und Genua, in Mittelitalien das Großherzogtum Toskana/Florenz (Medici) und der Kirchenstaat, im Süden das Königreich Neapel und Sizilien. Durch *Floren* und *Dukat* (seit 1252 bzw. 1284) haben die europäischen Goldmünzen, durch den *Teston* (seit 1464) die größeren Silbermünzen ihre Wurzeln im spätmittelalterlichen Italien. In der Neuzeit brachte Italien keine münzgeschichtlichen Innovationen mehr hervor. Der venezianische *Dukat* wurde zwar bis zum Ende der Signoria 1797 unverändert weitergemünzt, war aber mengenmäßig nicht mehr bedeutend und längst von den ungarischen oder holländischen Dukaten überholt. Der Taler als größtes Silbernominal wurde als *Tallero*, *Ducatone* bzw. *Scudo* (ital. Schild) überall und zuerst 1551 in Mailand geschlagen. Seine Stückelung war regional unterschiedlich, meist in *Soldo*, im Kirchenstaat in *Giulio* und *Baiocco*, in Neapel und Sizilien in *Grano* (pl. *Grana*). Mittlere Silbernominale, ebenso die Kleinmünzen aus Kupfer, waren regional sehr unterschiedlich und vielfältig (z. B. *Marcello* und *Mocenigo* in Venedig). Im Gold wurde die *Doppia* zur Hauptmünze. Ursprünglich ein Doppeldukat und als solcher verschiedentlich schon im 15. Jahrhundert gemünzt wurden die italienischen Doppien seit dem 16. Jahrhundert in Gewicht und Feingehalt unterschiedlich ausgebracht, entsprachen aber in etwa den spanischen Dublonen bzw. französischen Louisdor (22 Karat fein).

Die napoleonische Besetzung Italiens 1797–1814 brachte das Ende für einen großen Teil der regionalen Münzsysteme. Im österreichischen Königreich Lombardei-Venetien wurde 1814, im Königreich Sardinien 1816 die *Lira* zu 100 *Centesimi* eingeführt, die dann seit 1860 auch die Währung des gesamten Königreiches und seit 1945 der Republik Italien bildete. Die Lira ging – wie das englische Pfund und die französische Livre – aus dem mittelalterlichen Münzpfund von 240 Denaren hervor und wurde zuerst Ende des 15. Jahrhunderts in Venedig als *Lira Trono* in Gestalt einer einzigen Münze geschlagen.

5. Spanien und Portugal

In Spanien markierte die 1497 durchgeführte Münzreform den Beginn der Neuzeit. Mit ihr wurden in Gold der dem Dukaten entsprechende *Excelente* (meist als Doppelwert ausgeprägt), in Silber der *Real* (3,49 g) und in Kupfer der *Maravedi* (1 Real = 34 Maravedis) zu den Hauptwerten. Das *Achtrealenstück* (27,92 g), der *Peso de a ocho* («Gewicht von acht»), entsprach etwa dem deutschen Taler und wurde in Europa zumeist *Piaster* genannt. 1537 entstand als Goldmünze der *Escudo* (= 16 Realen), 1566 der *Doblas escudo*, der als *Dublone*, *Doblon* oder *Pistole* auch international zu einer der wichtigsten Goldmünzen und Vorbild der französischen Louisdor wurde. Der Feingehalt war bis 1772 22 Karat, ab 1786 21 Karat (6,20 g bzw. 5,86 g Gold). Die vierfachen Dublonen *(Quadrupel, Onzas de Oro)* waren mit 24,81 g Gold nach dem *Portuguez* die größten gängigen Goldmünzen der Neuzeit.

Trotz des spanischen Edelmetallreichtums bestand das Münzgeld im Lande bis zum Ende des 16. Jahrhunderts vor allem aus der *moneda de Vellon*, d. h. aus Billonmünzen (*Calderillas*, Kupfermünzen mit geringem Silberanteil), danach aus meist unförmigen Kupfermünzen mit inflatorischer Wirkung, der sog.

(*moneda*) *Gruessa* (Einzelsorten sind *Cuartillo*, *Cuarto*, *Ochavo*, *Maravedi*). In Vellon-Münzen galt der Real (*Real de vellon*) 34 Maravedi, in Silbermünzen (*Real de plata*) dagegen 51, später 64 Maravedi. 1729 wurde das Münzgeld auf je fünf Werte in Gold und Silber (8, 4, 2, 1, 1/2 *Escudo* bzw. *Real*) und vier Werte in Kupfer (8, 4, 2, 1 *Maravedi*) gesetzt, und im 19. Jahrhundert wurde auf das Dezimalsystem umgestellt, wobei 1854 der *Real*, 1856 der *Escudo* (nunmehr eine Silbermünze) und seit 1870 die *Peseta* zu 100 *Centimos* die Währung bildeten.

Portugal ragt durch seine Goldmünzen hervor und münzte schon 1499–1557 mit dem *Portuguez* die größte goldene Kursmünze seiner Zeit (39,9 g Feingold). Der *Portuguez* entsprach 10 *Cruzados* (knapp 12 Dukaten) bzw. 4000 *Reis*. Der portugiesische Goldreichtum brachte auch später zahlreiche weitere Goldmünzentypen hervor, so den *San Vincente* (Heiliger Vincenz; 7,05 g Gold; 1000 Reis) oder 1561–1563 den *Engenhoso* (3,50 g Gold; 500 Reis), die erste portugiesische Münze mit Jahreszahl und die erste Maschinenprägung (daher der Name, *engenheiro* = Ingenieur). 1622 wurde der *Cruzado* von ursprünglich 400 auf 1000 Reis erhöht. Der 1663–1772 in großer Zahl geprägte vierfache Cruzado hieß *Moidor* (von *moeda de ouro* = Geld aus Gold; 13,776 g, Goldanteil 12,63 g) und wurde zu einer Welthandelsmünze. 1722 wurde nach spanischen Vorbild der *Escudo* (1600 Reis) übernommen und in fünf Werten von 1/2 Escudo bis 4 Escudo (*Peca;* 6400 Reis; 13,148 g Gold) und 8 Escudos (*Dobra;* 12 800 Reis; 26,297 g Gold) geprägt. Größte Goldmünze war der *Dobrão* (Goldanteil 49,31 g; 20 000, später 30 000 Reis) [94], der Moidor wurde zu 1/10 Dobrão. 1822 wurden alle Goldmünzen eingezogen, nur *Doppelescudo* (Halbpeca) und *Peca* blieben in Gültigkeit.

Bei den Silbermünzen waren der *Portuguez de prata* (ab 1504) und *Cruzado de prata* (seit 1643, ab 1688 *Cruzado novo*) zu 400 bzw. 500 Reis werthöchste Nominale und Gegenstücke zum spanischen Piaster. *Tostão* und *halber Tostão* (100 bzw. 50 Reis) entsprachen dem spanischen Doppelreal bzw. Real. Kleinste Silbermünze war der *Vintem* zu 20 Reis (vinte = zwanzig). Infolge des Anstiegs der Edelmetallpreise änderte sich der Kurs der Gold- und Silbermünzen im Laufe der Zeit, was durch entsprechende Werteinstempelung auf den umlaufenden Münzen markiert wurde. Der Real (Pl. *Reis*), im 15. Jahrhundert noch eine Silbermünze, wurde seit 1543 als Kupfermünze in verschiedenen Wertstufen von 10 bis 1 ausgebracht.

1822/35 wurde die *Coroa* (Krone) als neue Gold- und Silbermünze eingeführt: die *Coroa d'ouro* (9,56 g) zu 5000 Reis, die *Coroa de prata* (29,61 g) zu 1000 Reis. Beim Übergang zur Goldwährung 1854 wurde die neue *Coroa d'ouro* (17,735 g) zu 10 000 Reis oder 10 *Milreis* Währungsgrundlage. Nach Aufgabe der Goldwährung und Abschaffung der Monarchie wurde 1911 der *Escudo* zu 100 *Centavos* die portugiesische Landeswährung.

6. Niederlande, Belgien, Luxemburg

Im 16. Jahrhundert wurden große Teile des amerikanischen Silbers in den Münzstätten der spanischen Niederlande vermünzt, ab 1559 zu den schweren *Philippstalern* (*Philipsdaalder*, *Königstaler*; 34,46 g, Silbergehalt 28,21 g) mit dem Brustbild König Philipps II., ab 1567 zu den leichteren *Kreuztalern* (*Burgundischer Taler*, *Daldre de Bourgogne*; 29,535 g, Silbergehalt 26,253 g), die in etwa dem deutschen Reichstaler entsprachen.

In den nach 1581 beim Habsburgerreich verbliebenen südlichen Niederlanden (heute Belgien) wurde 1612 ein eigenes Münzsystem installiert. Neue Goldmünze war der *Sovereign* (*Souverain d'or*), Talermünzen waren der schwere *Ducaton/Dukaton* zu 3 Gulden/60 Sols (Münzbild Reiter) und der leichtere *Patagon* (Münzbild Andreaskreuz) zu 48 Sols, Kupfermünze der *Liard* (1/4 Sol). Der Dukaton sollte das Silberäquivalent des Dukaten bilden (32,5 g, Silbergehalt zuerst über 30, später 28,88 g) und lag damit deutlich über dem deutschen Reichstaler (25,98 g Silber). Dagegen war der *Patagon* (24,70 g Silber) geringwertiger als der Reichstaler und wurde als *Kreuztaler*, *Albertustaler*, *Burgundischer* oder *Brabanter Taler* zu einer wichtigen Münze des internationalen Handels und z. B. in Preußen mehrfach nachgeahmt. 1755 ersetzte der wiederum auch außerhalb der Niederlande bald sehr beliebte *Kronentaler* (29,4 g, Silbergehalt 25,9 g) gleichermaßen Dukaton und Patagon.

Die seit 1581 von Spanien unabhängigen Provinzen der nördlichen Niederlande (Generalstaaten) gehörten mit ihrer umfangreichen Dukaten- und Talerprägung vom 16. bis zum 18. Jahrhundert zu den wichtigsten Münzproduzenten, und niederländische (holländische) Dukaten [99] liefen in ganz Europa um. Alle sieben Provinzen gaben seit 1583 einheitliche Münzen aus, wobei die jeweilige Provinz – Geldern, Groningen, Holland, Overijssel, Seeland, Utrecht, Westfriesland – stets am Ende der Umschrift genannt ist. Währungsgrundlage ist der *Stuiver*. Der Dukat galt 68 Stuiver, der *Rijksdaalder* 40, seit 1586 45, seit 1606 47 Stuiver. 1659 ersetzten die aus den südlichen Niederlanden übernommenen *Dukaton (Rijder)* zu 60, der *Silberdukat* zu 50 und der *Florijn* zu 28 Stuiver den Rijksdaalder, 1680 der *Gulden* zu 20 Stuiver die bisherigen groben Silbermünzen. Der Dukat galt 5 Gulden. Hinzu kam als neue Goldmünze der *Rijder* zu 7 Gulden. Kupfermünze war der *Duit/Deut*.

Ab 1830 übernahmen die beiden neuen Königreiche Belgiens und der Niederlande das französische Dezimalmünzsystem: in Belgien sowie in dem seit 1890 von Belgien unabhängigen Großherzogtum Luxemburg auf der Basis des *Frank* zu 100 *Centimes*, in den Niederlanden auf der Basis des *Guldens* zu 100 *Cents*.

7. Frankreich

Der französische Weg zum Taler führte von den seit Ludwig XII. (1498–1515) nach italienischem Muster übernommenen *Testonen* über den (zweiten) *Franc* – ab 1575 gemünzt und etwa dem deutschen Halbtaler entsprechend (14,188 g, Silbergehalt 11,82 g) – zum 1641 eingeführten *Écu blanc* oder *Louis d'argent*, der 60 *Sols* galt und fast genau dem deutschen Reichstaler entsprach. Pfälzischer und spanischer Erbfolgekrieg ruinierten die französische Währung: 1689–1726 wurde in den sog. Reformationen das Silbergeld insgesamt neunmal verändert, wobei die alten Münzen oft nur einfach überprägt und mit neuem

Kurswert wieder in den Verkehr gebracht wurden. 1726 wurde der Écu in neuer bildlicher Gestalt stabilisiert: Die bis 1790 gemünzten *Écu neufs (Écu aux lauriers)* mit dem von Lorbeerzweigen umgebenen Lilienwappen wurden als *Laubtaler* [111] und *Franzgeld* auch in Deutschland eine weitverbreitete Münzsorte, wie zahlreiche Münzfunde zeigen.

Wie der Écu erlangte auch der 1640 eingeführte *Louis d'or/Louisdor* [96] eine über Frankreich hinausgehende Bedeutung. Seinerseits war er Nachvollzug des spanischen *Doppelescudos (Pistole)* und wurde selbst zum Vorbild zahlreicher Nachahmungen vor allem in Deutschland. Der Louisdor galt ursprünglich 10 Livres, am Ende 1795 25 Livres. Ebenso wie die Bilder wurden die Gewichtsnormen in den Reformationen 1689–1726 häufig verändert und der Feingehalt von 22 Karat (= 917/1000) meist unterschritten.

Bis zur Revolution bildete die *Livre* (Pfund) zu 20 *Sols/Sous* (240 *Deniers*) die Währungsgrundlage. Der Écu (Taler) entsprach mit 60 Sous theoretisch 3 Livre. Da aber die Livre eine feste Recheneinheit war (auch jede Kleinmünzenmenge in der Summe von 60 Sous galt 3 Livre), war der Écu seit 1740 auf 6 Livre gestiegen. Per Gesetz vom 15. August 1795 wurde der (dritte) *Franc* zu 100 *Centimes* als neue Grundlage eingeführt, wobei die neue Franc-Münze (5 g, Silbergehalt 4,5 g) seit 1740 praktisch mit der – als Münze nicht geprägten – Livre identisch war. Richtig in Gang kam die neue Währung erst mit dem «Statut monetaire» von 1803. Geprägt wurden in Gold 20 und 40 Franc [101], in Silber 5, 2, 1, 1/2 Franc, in Kupfer – das bereits seit 1577 fester Bestandteil des französischen Münzsystems war, Hauptmünze dabei der *Liard* – 2, 1 *Decime* und 5, 2, 1 *Centime*.

In der 1865 gegründeten sog. Lateinischen Münzunion (*Union Latine*) aus Frankreich, Belgien, Italien und der Schweiz, zu denen später auch Griechenland (1868) und die Balkanstaaten hinzutraten, entstand eine bis zum Ersten Weltkrieg wirksame Währungsunion unter Führung Frankreichs mit dem *Frank* als Währungsbezeichnung. Hauptmünzen waren das silberne 5-Franken-Stück und das goldene 20-Franken-Stück. 1925 trat Belgien aus der Union aus, 1927 auch die Schweiz.

Nachdem 1514 mit der Bretagne das letzte der großen Lehen an die Krone fiel, war neben der politischen auch die Münzeinheit des Landes erreicht. Lediglich im Osten, im einstigen zum Deutschen Reich gehörigen Burgund erhielten sich regionale Münzrechte (Besançon, Dombes). Die unter Ludwig XIV. annektierten Gebiete Elsass und Lothringen blieben münzgeschichtlich dem Alten Reich zugehörig.

8. England und Vereinigtes Königreich

Wie in Frankreich war in England der *Testoon* (erstmals 1504 geprägt) die erste größere Silbermünze. 1551 folgte mit der silbernen *Crown* eine dem Taler entsprechende Münze im Wert von 5 Schillingen. Sie war das Silberäquivalent der unter Heinrich VIII. (1509–1547) ab 1527 erstmals geprägten goldenen *Crown*, mit der *Crown gold* (22 Karat, 916/1000) zum zweitem Goldmünzenstandard neben dem *Sovereign gold* (Feingold, 24 Karat) wurde.

Unter Elisabeth II. (1558–1603) wurde das gesamte Münzwesen neu geordnet. Das alte, seit 1543 stark verschlechterte Silbergeld wurde eingezogen und der Sterlingstandard des Silbergeldes (925/1000 fein) wiederhergestellt. Das neue elisabethanische Silbergeldsystem bestand aus nicht weniger als 11 Werten: *Crown* (= 5 s[hilling]/60 p[ence]) [106], *Halfcrown* (30 p), *Shilling* (12 p), *Sixpence* (6 p), *Groat* (4 p), *Threepence* (3 p), *Half-groat* (2 p), *Three-halfpence* (1 1/2 p), *Penny* (1 p), *Three-farthings* (3/4 p), *Halfpenny* (1/2 p). Bei den Goldmünzen wurden in Feingold *Sovereign* (30 s/360 p), *Ryal* (15 s), *Angel* (10 s), *Half-angel* (5 s), *Quarter-angel* (2 1/2 s/30 p), in Crowngold *Pound Sovereign* (20 s/240 p), *Half-pound* (10 s), *Crown* (5 s) und *Half-crown* (2 1/2 s/30 p) ausgegeben.

Die Vereinigung Englands, Schottlands und Irlands zum United Kingdom ab 1603 dokumentiert die 1604 den Pound Sovereign ersetzende neue Goldmünze *Unite* (Einheit, Goldgehalt 9,20 g). Der Kleingeldmangel wurde ab 1613 durch kupferne *Farthings* (1/4 p) ausgeglichen, deren Prägung Privatleuten, zuerst Lord John Harrington gestattet (weshalb die ersten Kupferfarthings auch *Harringtons* heißen) und erst ab 1662 vom Staat übernommen wurde. Nach der Hinrichtung Karls I. 1649 bis zur Restaurierung der Monarchie 1660 übte der Commonwealth of England die Münzprägung aus, dessen Münzen mit den beiden zusammenhängenden Schilden auf der Rückseite, als *Breeches Money* (breeches = Kniebundhosen) verspottet wurden.

Unter Karl II. (1660–1685) erfolgten dann weitreichende Neuerungen. 1663 wurde die *Guinea/Guinee* [95] als neue Standardgoldmünze eingeführt und ab 1662 wurde staatliches Kupfergeld (*Farthing* und *Penny*) mit dem Bild der thronenden Britannia ausgegeben. Seit 1662 wurden auch alle Münzen maschinell hergestellt, so dass die englischen Numismatiker ihre Münzgeschichte in eine «hammered» (bis 1662) und eine «milled» Periode (ab 1662) unterteilen. Die *Guinea* – so genannt wegen der Herkunft des Goldes aus Guinea, das von der African Company beschafft wurde – ist die in zahlreichen Varianten bis 1813 geprägte englische Hauptgoldmünze und wichtigste Welthandelsmünze des 18. Jahrhunderts (Gewicht 8,47 g, Goldanteil 7,77 g, seit 1670 8,387 g, Goldanteil 7,688 g = 22 Karat, 917/1000). Sie entsprach ursprünglich dem Pfund Sterling (20 Shilling) und wurde 1717 im Kurswert von 21 Shilling Grundlage der faktischen Goldwährung in England.

Im Jahre 1816 wurde die Goldwährung offiziell deklariert und 1821 die volle Konvertibilität des Pfundes Sterling in Gold gesetzlich garantiert. Infolgedessen wurde die Guinea durch den *Sovereign* (7,99 g, Goldgehalt 7,32 g) [100] abgelöst, der genau dem Pfund Sterling zu 20 Shilling entsprach. Die von Benedetto Pistrucci (1784–1855), seit 1818 Chefgraveur der Royal Mint in London, für den neuen Sovereign geschaffene Darstellung des Reiters im Drachenkampf ist eines der schönsten neuzeitlichen Münzbilder und findet sich auch auf den 1818–1822 gemünzten silbernen *Crowns* zu 5 Shilling *(Pistrucci-Crown)* [112].

Während des Ersten Weltkrieges wurde die Golddeckung des Pfundes aufgegeben, 1925 wieder eingeführt und 1931 endgültig aufgehoben. Der *Pistrucci-Sovereign* wurde aber weiterhin und wird bis heute – mit wechselnden Vorderseiten – als Anlagegoldmünze in der Royal Mint produziert. Ab 1947 wurde das Silber der Kursmünzen durch unedle Metalle ersetzt (Kupfernickel, Nickelbronze). 1971 führte das Vereinigte Königreich als letzter Staat Europas das Dezimalsystem im Münzwesen ein (1 *Pound* = 100 *New Pence*). «D-day», der Tag der «Dezimalisierung», war der 15. Februar 1971. Für die dazu notwendigen Millionen neuer Münzen in Großbritannien und dem Commonwealth wurde eine neue Münzstätte in Llantrisant bei Cardiff (Wales) errichtet und seit 1968 schrittweise in Betrieb genommen.

Eine Besonderheit Englands ist das *Maundy Money (Gründonnerstags-Münzen)*. An jedem Gründonnerstag (Maundy Thursday) werden vom Monarchen Geldspenden an die Armen verteilt, und zwar immer so viele Pence, wie der Monarch Jahre zählt. Anfangs wurden dafür normale Silbermünzen verwendet, seit 1660 bis heute werden hierfür jedoch eigene Münzen im Wert von 4 bis 1 Pence geprägt.

Die geringe britische Kleinmünzenprägung wurde bis ins 19. Jahrhundert immer wieder durch private Prägungen ohne offiziellen Geldcharakter (*Token*) ergänzt.

9. Skandinavien

Das neuzeitliche Münzsystem Schwedens entstand schon früh unter Gustav Wasa (1523–1560): *Riksdaler* = 4 *Mark* = 32 *Öre* = 64 *Örtug*. Der Wert des Riksdaler gegenüber dem Kleingeld stieg im Laufe des 16. und frühen 17. Jahrhunderts bis auf 38 Mark. Unter Gustav II. Adolf (1611–1632) ist deshalb versucht worden, anstelle des Silbers den schwedischen Kupferreichtum gewinnbringend für die Münzprägung zu nutzen. Neben dem weiter bestehenden Riksdaler entstanden zwei Währungen in Kupfer, eine schwerere nach Silbermünzfuß (SM) und eine leichtere in Kupfermünzfuß (KM, Öre), so dass sich ein Verhältnis von 1 *Riksdaler* = 3 *Daler Kupfer (SM)* = 9 *Daler Kupfer (KM)* ergab. Ab 1644 sind große Kupferplatten *(Plåtmynt)* im Wert bis zu 10 Daler SM (25 Taler KM; 19,7 kg!) ausgegeben worden, wobei eingeschlagene Stempel den jeweiligen Wert in SM bzw. KM angeben. Während des Nordischen Krieges sollten 1715–1718 kleine Kupfermünzen im Wert eines Talers (32 Öre) das Silbergeld zur Kriegsfinanzierung aus dem Verkehr ziehen. Offiziell als *Mynttecken* (Münzzeichen) bezeichnet, werden sie heute nach ihrem Urheber, dem Finanzberater Karls XII., Georg Heinrich von Schlitz, gen. von Görtz, *Görtzsche Notdaler* genannt. Das Experiment scheiterte, Görtz wurde zum Sündenbock gemacht und 1719 hingerichtet. 1776 wurde die Plåtmynt aufgegeben und in einer Münzreform zum Silbermünzfuß zurückgekehrt: 1 *Riksdaler* = 48 *Skilling*, 1 *Skilling* = 12 *Runstycke*. Die *Öre SM* wurde zu 1/4 *Skilling*, die *Öre KM* zu 1/12 *Skilling*.

Dänemark prägte seinen ersten Taler (*Rigsdaler*) 1537, ferner Markstücke (1/3 Taler) und entsprechendes Kleingeld in *Skillingen*. 1618 entstand mit der *Krone* praktisch ein Zweidritteltaler samt darauf aufgebauter zweiter Kleingeldkette in Skillingen, so dass zeitweise über 150 verschiedene Münzwerte geprägt wurden. 1625 wurden Daler- und Kronenwerte neu geordnet: 1 *Rigsdaler* = 6 *Mark* = 96 *Skilling*, 1 *Krone* = 4 *Mark* = 64 *Skilling*, 1 *Mark* = 16 *Skilling*. Die Krone als bedeutendste Silbermünze wurde 1731 vom 24-Skilling-Stück (= 1/4 Rigsdaler) abgelöst. Nach dem Staatsbankrott wurde 1813 der *Speziestaler* = 2 *Rigsbankdaler* = 192 *Rigsbankschilling* eingeführt.

Norwegen gehörte bis 1814 zu Dänemark, die dort geprägten Münzen entsprechen den dänischen und sind nur durch das norwegische Wappen (Löwe mit Hellebarde) kenntlich. 1873 vereinbarten Schweden und Dänemark eine Münzunion, der 1875 auch Norwegen beitrat. Gemeinsame Währung war die *Krone* zu 100 *Öre*. Die Union wurde 1924 aufgelöst, Krone und Öre blieben aber in allen drei Ländern als Münzgeld bestehen und seither werden die Kleinmünzen ab 50 Öre in der Mitte mit einem rundem Loch versehen.

Finnland gehörte bis 1809 zu Schweden, danach zu Russland. 1860 wurde eine eigene Währung eingeführt: 1 *Markka* = 100 *Penniä*. Die Markka entsprach 1/4 Rubel, die Gold-Markka seit 1877 dem Franc der Lateinischen Münzunion. Island wurde 1918 unabhängiges Königreich, blieb aber durch Personalunion mit Dänemark verbunden: 1 *Króna* (Pl. *Krónur*) = 100 *Øre* (*Aurar*, Sg. *Eyrir*).

10. Polen

Die neuzeitliche Münzgeschichte Polens, zu dem auch große Teile Preußens (sog. Königliches Preußen), Litauen und Livland (Riga) gehörten, wurde durch Münzreformen 1526 und 1578 entscheidend strukturiert. Rechengrundlage war der Gulden *(Złoty)* zu 30 Groschen *(Groszy)*. Der *Dukat* war das Maß des Goldgeldes, der *Taler* das des Silbergeldes. Dukaten – sowie Dukatenvielfache bis zu 100 Dukaten! – und Taler bildeten bis 1648 sehr stattliche Reihen, an denen auch die preußischen Städte Danzig, Elbing und Thorn als eigene Emittenten ihren Anteil hatten. Der Dukat galt anfangs 45, der Taler 30 Groschen. Mit dem *Sechsgröscher (Szostak)* begann das Kleingeld, das bei *Dreier (Ternar), Pfennig (Denar)* und *Schilling (Solidus)* endete und im 16. Jahrhundert ebenfalls noch recht stattlich war. Die rasche Verschlechterung dieser kleineren Nominale im 17. Jahrhundert trieb die Kurse von Dukat und Taler gewaltig in die Höhe. Klassische Sorten dieser Münzverschlechterung sind vor allem die Groschen *(Dreipölker)* der Kipperzeit, die seit 1659 ausgegebenen *Kupferschillinge* (*Boratinki*, nach ihrem Urheber, dem italienischen Münzunternehmer T. L. Boratini) und die seit 1662 gemünzten *Dritteltaler* (*Tympfe*, nach ihrem Urheber, dem Königsberger Münzmeister Andreas Tympf), die eigentlich 30 Groschen wert sein sollten, tatsächlich aber nur 18 wert waren. Nach Lawinen von schlechtem Kleingeld wurde 1687 die Münzprägung ganz eingestellt. Für das Land wurde die Sache dadurch nicht besser, da infolge des Münzmangels das schlechte Geld des Reiches gewinnbringend nach Polen abgeschoben bzw. unterwertige Münzen direkt für den Export nach Polen geprägt wurden. Bekanntester Fall sind die sächsisch-preußischen *Achtgroschenstücke* des Siebenjährigen Krieges (1756–1763), die nach ihrem Hauptproduzenten, dem preußischen Münzpächter Veitel Ephraim als *Ephraimiten* bezeichnet werden. Nach dem Siebenjährigen Krieg wurde ab 1765 wieder eigenes polnisches Silbergeld geprägt *(Taler, Doppelgulden, Gulden, Groschen)*, dessen Fuß aber schon 1787 und 1794 erneut verringert wurde. Mit der dritten Teilung 1796 verschwand

Polen von der politischen Landkarte. Im 1807 entstandenen Großherzogtum Warschau gab es als Goldmünzen den Dukaten, fünf Silbermünzen vom Taler (6 Złoty) bis 10 Groszy und Kupfermünzen zu 3 und 1 Groszy. In Russisch-Polen (Kongresspolen) wurde 1832 ein russisch-polnisches Münzsystem auf der Basis 1 *Złoty* = 15 *Kopeken* errichtet, wobei die Münzen den russischen Doppeladler und den Wert in Złoty und Rubel bzw. Kopeken tragen: Goldmünzen zu 50, 25 und 20 Złoty, Silber- bzw. Billonmünzen von 10 Złoty bis 5 Groszy, Kupfermünzen zu 3 und 1 Groszy. Das nach dem Ersten Weltkrieg wieder unabhängige Polen führte 1923 den Złoty zu 100 Groszy als Währung ein, das 1919–1939 unabhängige Danzig zunächst die *Mark*, seit 1923 den *Gulden* zu 100 *Pfennig*.

11. Ungarn und Südosteuropa

Seit 1526 hatten die Habsburger den ungarischen Thron inne. Die ungarischen Münzen haben nationales Design, sind aber in den Nominalen den österreichischen Münzen sehr ähnlich, der Kreuzer ist der *Krajczar*, der Heller der *Filler*. Infolge der heimischen Goldvorkommen war die ungarische Dukatenprägung sehr umfangreich [83]. Im seit 1918 unabhängigen Ungarn wurde 1925 der *Pengö*, seit 1946 der *Forint* zu 100 *Filler* die Landeswährung.

Das 1526–1697 als Pufferstaat zwischen osmanischem und habsburgischem Reich existierende Fürstentum Siebenbürgen ist berühmt für seine zahlreichen und großen Goldmünzen. Unter fast allen Fürsten wurden regelmäßig *Zehndukatenstücke (Portugalöser)* und unter dem letzten Fürsten, Michael Apafi (1661–1690), sogar ein *Hundertdukatenstück* (347 g Gold) gemünzt.

Aus dem seit dem späten Mittelalter zum Osmanischen Reich gehörigen Teil Südosteuropas gingen 1827 Griechenland (seit 1832 Königreich), 1877 Rumänien (seit 1881 Königreich), 1879 Bulgarien, 1887 Serbien, 1910 Montenegro und 1912/1925 Albanien als unabhängige Staaten hervor, die folgende Währungen annahmen: Griechenland *Drachme* zu 100 *Lepta*; Rumänien *Leu* zu 100 *Bani*; Bulgarien *Lev* zu 100 *Stotinki*; Serbien *Dinar* zu 100 *Para*; Montenegro *Perper* zu 100 *Para*; Albanien *Lek* zu 100 *Quindar*, 5 *Lek* = 1 *Franka Ari* (seit 1925). Serbien, Montenegro und die südslawischen Territorien der Donaumonarchie vereinigten sich 1918 zum Königreich der Serben, Kroaten und Slowenen, das seit 1929 Jugoslawien hieß und die serbische Währung (*Dinar* zu 100 *Para*) übernahm (zu den heutigen Staaten des ehemaligen Jugoslawien s. Tabelle S. 99–105).

12. Russland

Das Geld Russlands bestand bis zum Ende des 17. Jahrhunderts im Wesentlichen aus Barrensilber und kleinen Silbermünzen von weniger als 1 g, den *Dengas* und *Kopeken* (*Tropfkopeken, Drahtkopeken,* so genannt wegen ihrer unregelmäßig aus Silberdrahtbarren abgeschnittenen Form). Der *Rubel* (von russ. *rubit'* = abhacken, nach der üblichen Zerteilung von Silberbarren) bildete lediglich die Recheneinheit für 100 Kopeken. Erst in den 1650er Jahren wurden die ersten Rubel als Großsilbermünzen geprägt und gleichzeitig die im Lande kursierenden, bis dato verbotenen europäischen Taler durch Gegenstempel als quasi-Rubel gekennzeichnet und zugelassen, sog. *Jefimoks/Jefimki* (Sg. *Jefimok*, von Jefim = Joachim, der allgemeinen Bezeichnung europäischer Taler in Russland) [108].

Das eigentliche russische Münzsystem der Neuzeit entstand unter Peter dem Großen, der 1700 die ersten *Rubel* zu 100 *Kopeken* nach dem Fuß des niederländischen *Albertustalers* schlagen ließ (28,45 g, 850/1000 fein). Mit leichten Veränderungen wurde der Rubel von allen russischen Zaren bis 1915 geprägt [114]. Weitere Silbermünzen waren *Poltina* (Halbrubel, 50 Kopeken), *Polupoltina* (Viertelrubel, 25 Kopeken), *Grivna* (10 Kopeken). Diese Münzen tragen – was damals noch unüblich war – ausgeschriebene Wertbezeichnungen. 1755 sind goldene 10 und 5 Rubel (*Imperial* und *Halbimperial*) hinzugekommen. Das Kupfergeld (5 Kopeken bis Viertelkopeke) war bis 1867 Wertgeld, d.h. je nach Silberkurs wurde der aus dem *Pud* Kupfer (16,381 kg) zu prägende Kopekenwert durch Ukas des Zaren festgelegt. Als einziger Staat der Welt gab Russland 1828–1844 *Platinmünzen* aus (3, 6, 12 Rubel). Die Revolution von 1917 veränderte am Münzsystem nichts, 1923 wurde ein goldenes 10-Rubel-Stück *(Tscherwonez)* herausgegeben, seit 1924 keine ganzen Rubel mehr geprägt. 1961 wurde die Währung umgestellt (1 neuer Rubel = 10 alte Rubel) und man münzte auch wieder ganze Rubel.

13. Amerika

Vor dem Erscheinen der europäischen Konquistadoren und Siedler war Münzgeld in der Neuen Welt unbekannt. Die ersten Münzen auf amerikanischem Boden schlugen die Spanier 1535 in Mexiko.

Das Münzsystem im spanisch beherrschten Mittel und Südamerika – Vizekönigreich Neu-Kastilien (Peru), von dem 1717 bzw. 1778 die Vizekönigreiche Neu-Granada im Norden und Rio de la Plata im Osten abgeteilt wurden – beruhte auf dem *Silberreal*. Zur Hauptmünze wurde das dem europäischen Taler entsprechende *8-Realen-Stück* (25 g, *Piaster*, *Peso de á ocho, Ocho*, spanisch = Gewicht von Acht, Achter). Bis 1732 wirken die auf unregelmäßigen und unebenen Schrötlingen geprägten Serien (*Maqquinas, Cobs*) sehr roh [115]. In Europa hießen sie auch *Schiffspiaster*, weil man annahm, dass sie wegen ihrer technischen Unzulänglichkeit auf den spanischen Silberschiffen während der Ozeanüberquerung geschlagen worden seien. Seit 1732 wurde der nach dem Münzbild, den beiden Säulen des Herkules, benannte *Collonato* (*Säulenpiaster*, *Pillar-Dollar*, *Mexico-Dollar*) [116] in technisch und künstlerisch anspruchsvollerer Form, und seit 1772 bis 1825 mit Brustbild gemünzt. Er gab das Vorbild für den *Peso* (spanisch = Gewicht) der südamerikanischen Republiken [118] und den *Silberdollar* der USA ab. Die bedeutendsten Münzstätten waren Mexiko-Stadt (seit 1535), Potosí in Bolivien (seit 1574) und Lima in Peru (seit 1578/80). Von den riesigen Prägemengen blieb wenig im Lande, fast alles floss nach Europa oder Asien ab.

Die seit 1675 in den spanischen Gebieten ausgegebenen

Goldmünzen (*Escudo*; 3,38 g) spielten im Münzwesen nur eine geringe Rolle; eine umso größere dagegen spielten die Goldmünzen des portugiesischen Brasilien seit der Entdeckung der dortigen Goldvorkommen 1693. Bekannteste Goldmünzensorte ist der 1722–1835 geprägte *Joao (Johannes, Joe)* oder *Peça* (6400 *Reis*; 13,148 g Gold). Kupfermünzen wurden nicht hergestellt.

Die Münzen Südamerikas in den ab 1810 aufflammenden Unabhängigkeitskämpfen und in den ersten Jahrzehnten der neuen Nationalstaaten haben in der Regel das spanisch-portugiesische Münzsystem beibehalten, wobei es häufiger zu Gegenstempelungen alten spanischen Münzgeldes kam. Das 8-Realen-Stück wurde als *Peso* zu 100 *Centavos* in der seit Mitte des 19. Jahrhunderts sich allgemein durchsetzenden Dezimalisierung die Grundlage des Münzwesens der meisten Staaten. In Peru hieß der Peso *Sol*, in Bolivien *Boliviano*, in Venezuela *Venezolano* und *Bolivar* und in Ecuador *Sucre*, womit die Verehrung für die beiden Helden des Unabhängigkeitskampfes, Simon Bolivar (1783–1830) und Antonio José de Sucre (1795–1830), ausgedrückt wurde. Der *Bolivar* war seit 1881 auch Goldmünze in Venezuela (= 20 *Venezolanos*). Argentinien hatte als Goldmünze den *Argentino* (8 g, seit 1881), Peru die dem britischen Pfund entsprechende *Libra* (seit 1898), Chile und Ecuador den *Escudo* (= 2 *Peso*, seit 1818 bzw. 1836) und *Condor* (= 10 *Peso*, seit 1851; auch Kolumbien). Brasilien, das 1822 ein von Portugal unabhängiges Kaiserreich und 1889 Republik wurde, übernahm als Währung die goldene *Peça* (= 6400 *Reis*). Seit der Dezimalisierung 1833 (1 *Milreis* = 1000 *Reis*) wurden die Werte ab 5000 Reis in Gold gemünzt. Die Münzen Mexikos seit 1810 sind infolge der wirren politischen Verhältnisse mit dem kurzzeitigen Kaisertum Maximilians von Österreich (1864–1867) und zahlreichen lokalen Münzausgaben vielfältig, bleiben aber im Wesentlichen in der üblichen Werteskala für Silbermünzen (8 *Real* = 1 *Peso*, seit 1863 1 *Peso* = 100 *Centavo*) und Goldmünzen (1 *Escudo* = 2 Peso). Dazu kommen als Geldersatz zahlreiche *Haziendamarken*.

Älteste Münzen Nordamerikas sind die 1652 in Massachusetts entstandenen sog. *Boston-* oder *Bayshillings*, nach ihren Bäume zeigenden Münzbildern auch *Pinetree-*, *Oaktree-*, *Willowtreeshillings* genannt. Die Geldgeschichte der USA beginnt 1775, nicht mit Münzen, sondern mit *Continental Currency* genanntem Papiergeld zur Finanzierung des Unabhängigkeitskampfes. Es lautete auf «Spanish Milled Dollars», d.h. auf spanisch-amerikanische maschinengeprägte 8-Realen-Stücke (*Piaster*), und war schon 1780 praktisch wertlos, begründete aber den *Dollar* (abgeleitet vom deutschen *Taler*) als Währung der Vereinigten Staaten. Ein 1776 geplanter Münz-Dollar der dreizehn Kolonien mit der Aufschrift «We are one» ist über einen Entwurf nicht hinausgekommen. Seit 1785 wurden in einzelnen Staaten Kupfermünzen ohne Wertbezeichnung ausgegeben. Das Münzgesetz von 1792 sah Münzwerte in *Dollar*, *Disme* und *Cent* (1 *Dollar* = 10 *Dismes* = 100 *Cent*) sowie Goldmünzen zu 10 Dollar (*Eagle*) vor. 1793 wurde der erste Cent, 1794 der erste Dollar (24,056g Silber) in der neuen Münzstätte in Philadelphia gemünzt. Der *Flowing Hair Dollar* [119] mit der Jahreszahl 1794, so genannt nach dem wehenden Haar der auf der Vorderseite dargestellten Liberty, hält mit über 10 Millionen Dollar gegenwärtig den Rekord der teuersten Münze der Welt. Der erste *Eagle* [120] wurde 1795 gemünzt (16,037g Gold, seit 1837 15,046g). Der spanisch-amerikanische *Piaster* blieb bis 1857 gesetzliches Zahlungsmittel.

Anders als in Europa wurde in den USA die Münzprägung nicht als staatliches Monopol betrachtet, so dass während des 19. Jahrhunderts auch private Münzstätten in Tätigkeit waren, besonders seit 1830 der California Gold Rush einsetzte. Von privater Seite wurden Goldmünzen von 1 bis 50 Dollar produziert. Größte staatliche Goldmünze war ab 1850 das 20-Dollar-Stück (*Double-Eagle*).

Der Fall des Silberpreises brachte die seit 1834 auf Bimetallismus, d.h. auf einem festen Gold-Silber-Wertverhältnis, beruhende Währung in Turbulenzen. Die Silberlobby setzte 1873–1878 die Prägung von sog. *Trade-Dollars* (24,494g Silber) und 1878 im Bland-Allison Act eine monatliche Prägung von 2–4 Millionen Silberdollar durch (1878–1904, sog. *Bland-* oder

Morgan-Dollars). 1896 setzte sich in der von der Gold/Silber-Diskussion dominierten Präsidentenwahl mit William McKinley der Vertreter der Goldpartei durch und mit dem *Gold Standard Act* wurde 1900 der Streit zugunsten der Goldwährung entschieden (1 Dollar = 1,505 g Gold). Die Abwertung des Dollars um fast die Hälfte am 19. April 1933 führte schlagartig zur Beseitigung der Goldmünzen im Geldverkehr und zum Verbot ihres privaten Besitzes (Weiteres s. VI. Moderne Münzen).

Für Kanada wurden in französischer Zeit nur vereinzelt Kupfermünzen in Frankreich produziert, zuerst 1670 (15 und 5 *Sol*), zuletzt 1722. Ansonsten zirkulierte ein buntes Gemisch aus Naturalgeld, französischen und spanisch-amerikanischen Münzen, zerschnittenen Spielkarten, auf denen von Hand kleine Münzwerte eingetragen waren, und französischem Papiergeld. Als 1763 die französische durch die britische Herrschaft abgelöst wurde, änderte sich daran wenig. Erst mit der Einführung des Dollars und der Dezimalwährung nach amerikanischem Vorbild 1858 wurden besondere Münzen für Kanada in England produziert, seit 1865 auch in Gold. Erst 1908 wurde in Ottawa eine eigene Münzstätte eröffnet.

14. Afrika

In Afrika kam, den Norden (Ägypten, Äthiopien, Maghrebstaaten) ausgenommen, erst in der Kolonialzeit im 19. Jahrhundert Münzgeld in größerem Umfang in Gebrauch. Bis dahin bediente man sich zumeist unterschiedlicher Naturalgeldformen. Das über den Maghreb nach Europa exportierte afrikanische Gold war für die mittelalterliche und frühneuzeitliche europäische Münzprägung von großer Bedeutung.

Ägypten war ab 1517 Teil des Osmanischen Reiches und der arabische Schriftzug *Misr* (Ägypten) unterscheidet die ägyptischen von den anderen osmanischen Münzen [128]. Seit 1835 sind die Münzen maschinengeprägt: 1 *Piaster (Gersch, Qirsh)* = 40 *Para*. 1885 wurde die Goldwährung eingeführt: 1 *Ägyptisches Pfund* (8,5 g, 875/100 fein) = 100 *Piaster* = 4000 *Para*. Das 20-Piaster-Stück (28 g) entsprach dem immer noch weitverbreiteten Mariatheresientaler und war die größte Silbermünze seiner Zeit. 1917 wurde das Dezimalsystem übernommen: 1 *Ägyptisches Pfund* = 100 *Piaster* = 1000 *Milliemes*. Die Münzen des Britischen Protektorats seit 1914 und anfangs auch die des 1922 gegründeten Königreiches Ägypten wurden in England hergestellt. In den Maghrebstaaten Libyen, Tunesien, Algerien und Marokko dominierten in der Neuzeit die osmanischen Münzen, bis im 19. Jahrhundert die Münzen nach französischem Muster europäisiert wurden.

Abgesehen von Ägypten und dem Maghreb gibt es noch im Gebiet des heutigen Äthiopien eine ältere Münztradition. Das vom 1. Jahrhundert v. Chr. bis zum 7. Jahrhundert n. Chr. bestehende und seit 330 christliche Reich von Aksum (Axum) prägte kleine Gold-, Silber- und Kupfermünzen [122]. Äthiopien (Abessinien) ist auch der einzige Staat, der in der zweiten afrikanischen Münzzeit seit dem 19. Jahrhundert im Münzgeld Unabhängigkeit bewahrte [123]. Der österreichische Mariatheresientaler wurde zur Landeswährung [109]. Er war auch unter italienischer und britischer Herrschaft nicht zu verdrängen und konnte sich auch neben dem 1945 eingeführten *Äthiopien-Dollar* noch lange halten. Die im 19. und 20. Jahrhundert in den afrikanischen Kolonien Großbritanniens, Frankreichs, Portugals, Belgiens, Deutschlands und den nicht direkt kolonialisierten, aber europäisch dominierten Staaten zirkulierenden Münzen wurden von den Europäern vorgegeben, wobei durchaus an vorgefundene Traditionen, etwa die indische *Rupee* in Ostafrika [124], angeknüpft wurde (s. auch Tabelle S. 99–105).

15. Der Nahe und Mittlere Osten

Die große Zahl von Dynastien und Herrschaften im islamischen Mittleren und Nahen Osten reduzierte sich bis 1797 auf drei: die *Durrani* in Afghanistan, die *Qadscharen* im Iran und die *Osmanen*, die das größte Territorium beherrschten.

Osmanisches Reich und Türkei: Bis zum Beginn 17. Jahrhunderts war der *Akçe* die einzige, sehr kleine und leichte Silbermünze (um 1600 nur noch 13 mm und 0,35 g). Seit etwa 1623 kamen neue kleine Silbermünzen, *Para* (türkisch: Silber; 1,10 g) auf, doch wurde auch weiter nach Akçe gerechnet. Die Para verloren ebenfalls ständig an Wert und 1687 wurden große Silbermünzen zu 40 Para (= 120 Akçe) eingeführt, die *Gurusch/Kuruş* (türkisch: Groschen), in Europa *Piaster* hießen (zuerst 19 g, 1719 erhöht auf 26 g) [127]. Piaster wurden in vielfachen Stückelungen von 5 bis 100 Para ausgegeben. Auch mit dem Piaster ging es abwärts. 1810 war er auf 4,65 g, der Para auf 0,22 g abgesunken. Wegen der ständigen Verringerung der eigenen Silbermünzen waren im Osmanischen Reich die europäischen Talermünzen, insbesondere der österreichische Mariatheresientaler, besonders beliebt und wurden vielfach verwendet. Karl-May-Leser werden wissen, dass auch Kara Ben Nemsi seinen treuen Hadschi Halef Omar in Mariatheresientalern bezahlte. Bei den Goldmünzen wurden 1711 dem *Altun* (*Funduk Altun*, *Fundukly*, *Aschrafi*; 3,43 g) [125] eine leichtere Sorte, *Zer Mahbub* (türkisch: schönes Gold, 2,59 g) [126], und 1822 weitere kleinere Goldmünzen an die Seite gestellt. 1844 kam es zu einer Münzreform und der Umstellung auf Maschinenprägung mit stark gestaffelten Münzwerten von 1 Para bis 500 Piaster in Kupfer, Silber und Gold auf der Basis von 1 *Piaster* = 40 *Para*. Nach dem Ersten Weltkrieg wurde das *türkische Pfund/türkische Lira* zu 100 *Kuruş* zur Währungsgrundlage. Die seit 1924 existierende türkische Republik europäisierte 1934 das Aussehen der Münzen. Die arabische Schrift wurde aufgegeben und das Bildnis von Kemal Atatürk ersetzte die *Tughra*, den auf den ersten Blick immer gleich aussehenden kalligraphisch kunstvoll verschlungenen Namen des Sultans, der seit 1703 das typische Münzbild osmanischer Münzen gewesen war. Seit 1981 werden keine Kuruş-Münzen, sondern nur noch Lira-Werte gemünzt.

Aus dem Osmanischen Reich gingen *Ägypten*, *Syrien*, der *Libanon* und der *Irak* als unabhängige Staaten hervor. Syrien und der Libanon übernahmen die türkische Pfund-Piaster-Münzskala (erste Münzen 1921 bzw. 1924), im Irak wurde der *Dinar* (= 5 *Riyal* = 20 *Dirham* = 1000 *Fils*) zur Währung (erste Münzen 1931). Palästina wurde Britisches Mandatsgebiet (erste

Münzen 1927), woraus 1946 Jordanien und 1948 Israel als unabhängig hervorgingen. Von den arabischen Golfstaaten haben Saudi-Arabien, Jemen, Oman und Kuwait im 19. und frühen 20. Jahrhundert, teils unter britischem Protektorat, vereinzelte Münzprägungen aufzuweisen (die Münzen nach 1945 s. Tabelle S. 99–106).

In *Persien* (*Iran* und *Afghanistan*) übernahm 1501 die schiitische Dynastie der Safawiden die Macht, die 1722 von den einfallenden Afghanen gestürzt wurde. Die Afghanen spalteten sich ab 1747 dauerhaft ab, und im Iran herrschte von 1794 bis 1925 die Dynastie der Qadscharen (Kadscharen), die Teheran zur Hauptstadt machte. Unter Ismail (1501–1524), dem ersten Schah, wurden die Gold- und Silbermünzen auf die Gewichtsbasis des *Mitkal* (4,6 g) gestellt und in unterschiedlichen, nicht eigens benannten Werten ausgegeben: die wenig geprägten Goldmünzen (meist *Ashrafis* genannt) 1 Mitkal und kleiner, die umfangreich geschlagenen Silbermünzen (meist *Schahis/Scharis* genannt) 1 bis 4 Mitkal. Außerdem waren kleine beprägte Silberstangenbarren in Gebrauch (*Larine*, nach ihrem Herstellungsort Lar, Prov. Fars; 2 1/2 Schahis), deren Benutzung für ausländische Kaufleute verpflichtend war. Die Gewichte der Silbermünzen unterlagen – wie immer – einem Abwärtstrend, so dass schon unter Schah Abbas I. (1587–1629) eine neue Silbermünze (*Abbasi*; 7,7 g) zu 4 Schahis den häufigsten Münzwert bildete. Nadir Shah (1736–1747) führte die Rupie (*Nadiri*; 11,53 g) **[129]** ein, die 2 1/2 Abbasi oder 500 Dinar entsprach. Daneben war eine Vielzahl von lokalen Kupfermünzen *(Pul)* im Verkehr. Unter dem ersten Qadscharen, Fath Ali Schah (1797–1834), wurde das Münzwesen neu geordnet: 1799–1826 war der *Riyal* (= 1250 *Dinar*, 10,46 g), seit 1826 der *Kran* (= 1000 *Dinar*, ca. 7 g) die Hauptmünze in Silber, und der bis dahin einen bloßen Rechenwert darstellende *Toman* (tatarisch: zehntausend) wurde als neue Goldmünze (= 10 *Kran* = 10 000 *Dinar*) eingeführt. In allen über 40 Münzstätten wurden die Münzen bildgleich und erstmals auch mit Herrscherporträts hergestellt. Ab 1876 wurde nach westlichem Vorbild mit Maschinen geprägt und das iranische Wappensymbol zum dominierenden Münzbild (schreitender Löwe mit Schwert vor Sonne) [130]. 1931 wurde das Dezimalsystem eingeführt (Silber 1 *Riyal* = 100 *Dinar*, Gold 1 *Pahlevi* = 100 *Riyal*).

In Afghanistan wurde ab 1747 nach indischem Vorbild die *Rupee* die Hauptsilbermünze. Daneben gab es eine Vielzahl regionaler Kupfermünzen. 1891 wurden mit Übergang zur westlichen Maschinenprägung die Münzen vereinheitlicht: 1 *Rupee* = 2 *Qiran* = 3 *Abbasi* = 6 *Senar* = 12 *Schahi* = 60 *Paisa*, 30 *Rupee* = 1 *Tilla*. Die *Paisa*- und *Schahi*-Werte waren aus Kupfer, die *Rupee*-Werte aus Silber, die *Tilla*-Werte aus Gold. 1925 wurde das Dezimalsystem eingeführt: 1 *Afghani/Amani* (Pfund) = 100 *Puls*.

V. Münzen des Fernen Ostens

1. Indien

Indien hat eine bis in das 5./4. Jahrhundert v. Chr. zurückreichende, sehr vielfältige, umfangreiche und eigenständige Münztradition, die zahlreiche lokale Sonderentwicklungen zeigt, dabei griechische, römische und islamische Einflüsse aufnahm und in eigener Weise verarbeitete. Ihr Verständnis verlangt besondere historische und linguistische Kenntnisse, so dass sie hier nur in den Grundzügen referiert werden kann. Am indischen Münzwesen Anteil haben auch Afghanistan (Baktrien), Pakistan (Gandara), Bangladesch, Nepal, Bhutan und Sri Lanka (Ceylon).

Die ältesten Münzen sind mit mehreren kleinen Bildstempeln markierte Silberbarren, die ab Mitte des 4. Jahrhunderts v. Chr. datiert werden. Seit den Eroberungen Alexanders des Großen (325 v. Chr.) kommen griechische Einflüsse zum Tragen, im Maurya-Reich (320–185 v. Chr.) treten gegossene viereckige Kupfermünzen auf und unter den Kushan-Herrschern in Baktrien und Gandara um 100 n. Chr. Goldmünzen [131], die im Gupta-Reich (ca. 320–550) fortgesetzt wurden. Im frühen

6. Jahrhundert leitete der Einfall der *Hunas* (Weiße Hunnen, Hephtaliten, Alchon), deren Münzen sasanidischen Vorbildern folgen, den Niedergang des Gupta-Reiches und für die nächsten 500 Jahre ein politisch disparates und münzarmes Zeitalter ein. Die Islamisierung Indiens, im 11. Jahrhundert beginnend und im Sultanat von Delhi (1206–1526) und dem Mogulreich (1526–1857) seinen Höhepunkt erreichend, fand in einer reichen Prägung von Gold-, Silber- und Kupfermünzen im arabischen Schrifttypus ihren münzgeschichtlichen Niederschlag. Die unter Iltutmisch (1211–1236) eingeführte Silbermünze *Tangka* wurde unter Scher Schah (1538–1545) und Akbar (1556–1605) zur *Rupee* (Sanskrit *Rupya*, geschmiedetes Silber; Norm 11,54 g, 970/1000 fein). Unter Akbar wurde 1562/63 auch eine neue Goldmünze eingeführt (*Mohur*, *Mohar*, *Muhr*, persisch: Siegel; 11,02 g, 975–1000/1000 fein). Sie hatte – je nach Edelmetallkurs und Gewicht – den Wert von 9–16 Rupeen. Die berühmtesten Mogulmünzen sind die unter Dschahangir (1605–1628) gemünzten Mohurs und Rupees mit den Sternbildern des Tierkreises *(Zodikalmünzen)* [132].

Neben den Mogulherrschern prägten zahlreiche mehr oder weniger unabhängige indische Maharadschas eigene Rupeen, so dass Anfang des 19. Jahrhunderts mehrere hundert verschiedene Rupeenmünzen kursierten, von denen neben der *Sikkarupee* der Moguln die *Surarupee* und *Arcotrupee* am bedeutendsten waren. Auch die Britische Ostindien-Kompanie gab *Rupeen* aus. Seit 1717 hatte die Kompanie vom Großmogul die Erlaubnis, Münzen mit seinem Namen zu schlagen und tat dies bis 1833.

Im hinduistischen Südindien, das nicht unter Mogulherrschaft stand und auch nicht islamisiert wurde, sind die Münzbilder vielfältiger, dafür meist aber schriftlos, so dass die Münzen räumlich und zeitlich schwer einzuordnen sind. Hauptgoldmünze ist die dem Gewicht der Molukkabohne (3,368 g) entsprechende und vermutlich schon im 9. Jahrhundert aufgekommene *Pagoda*, deren Name nichts mit dem Bauwerk zu tun hat und vermutlich auf die Göttin *Bhagavati* zurückgeht. Erst in britischer Zeit, als die Pagoda auch ein Silbermünzwert war, kommt als Münzbild eine Pagode vor. Der Wert der Pagoda schwankte und lag seit dem 17. Jahrhundert meist bei 42 *Fanams*. Der *Fanam* (von Hindi: *Panam*, etwa «eine Handvoll») war ursprünglich eine winzige Goldmünze (0,3–0,4 g), seit dem 16. Jahrhundert dann auch eine Silbermünze. 1807 wurden durch die Britische Ostindien-Kompanie in Südindien maschinengeprägte Münzen in Kupfer (*Cash*), Silber *(Fanam, Pagoda)* und Gold *(Pagoda)* eingeführt.

1835 wurde in allen der Britischen Ostindien-Kompanie unterstehenden Gebieten ein neues Münzsystem in britischem Design in Gold *(Mohur)* [133], Silber *(Rupee)* und Kupfer *(Anna, Pice)* eingeführt: 1 *Rupee* = 16 *Anna* = 64 *Pice (Paisa)* = 192 *Pies*, 15 *Rupees* = 1 *Mohur*. Nach dem Sepoy-Aufstand 1857/58 wurde die Company aufgelöst und Indien direkt der britischen Krone unterstellt, 1877 nahm Queen Victoria den Titel einer Kaiserin von Indien an. Von den lokalen Münzprägungen der Maharadschas, von denen es vor 1858 noch über hundert gegeben hatte, reichten nur wenige noch in das 20. Jahrhundert hinein. Das unabhängige Indien nach 1945 behielt die alte Währung (1 *Rupie* = 64 *Paisa*) bei und passte sie 1957 dem Dezimalsystem an (1 *Rupie* = 100 *Naye Paisa*).

2. Südostasien

In Vietnam waren bis ins 19. Jahrhundert chinesische *Käschmünzen* und diesem Muster entsprechende einheimische Münzen aus unedlen Metallen in Gebrauch. Silberne Rundmünzen westlichen Stils wurden erstmals 1832 ausgegeben, deren größter Wert *(Lang)* die älteste Dollarmünze Ostasiens darstellt. Unter französischer Kolonialherrschaft wurde ab 1879 das Münzsystem dem Frankreichs angeglichen (1 *Piaster* = 100 *Centièmes*, nach der Unabhängigkeit 1946 in 1 *Dong* = 100 *Xu* verändert).

In den anderen Teilen Südostasiens folgte auf eine durch indische und chinesische Münzimporte bzw. Nachahmungen charakterisierte frühe Münzgeldphase (7.–14. Jahrhundert) eine weitgehend münzlose, von Barrengeld und anderen Geldformen bestimmte Periode (Ausnahme Malaysia). Eine Zwitterstellung nehmen die in standardisierten Gewichtsstufen ausgegebenen silbernen siamesischen Kugelmünzen ein (*Tikal*, eigentlich *Baht*), die bis ins 14. Jahrhundert zurückreichen sollen. Die thailändischen «Münzen» aus Porzellan mit chinesischen Schriftzeichen sind keine Münzen, sondern Spielmarken, auch wenn sie als Kleingeldersatz benutzt wurden.

Handelsbeziehungen führten seit dem 17. Jahrhundert zur Bekanntschaft und Verwendung europäischen Münzgeldes, wobei die 1572 in Manila auf den Philippinen eine Niederlassung gründenden Spanier, die 1600 gegründete Britische Ostindien-Kompanie und vor allem die 1602 gegründete Niederländische Ostindien-Kompanie eine Vorreiterrolle spielten [136]. Nach europäischem Typus wurden mit fortschreitender Kolonialisierung seit dem 19. Jahrhundert auch die einheimischen Münzen geprägt: Burma/Birma 1852, Brunei 1887, Hongkong 1863; Indonesien 1644 (Niederländische Ostindien-Kompanie in Batavia/Djakarta, [136]); Kampuchea/Kambodscha 1850, Malaysia 1787 (Britische Ostindien-Kompanie), Philippinen 1861, Singapur 1845, Thailand/Siam 1860.

3. China

Im Fernen Osten wurde Münzgeld nach europäischem Typus erst im 19. und 20. Jahrhundert üblich. Bis dahin kam es nur in gegossener Form und fast vollständig auf unedle Metalle und geringe Werte beschränkt vor. Wegen der limitierten Funktionalität dieses Kleingeldes – bei jeder größeren Summe entstand sofort ein Transportproblem – spielten Edelmetall in Barrenform und vor allem Papiergeld schon sehr früh eine wichtige Rolle.

Die ersten Geldformen Chinas sind in das 6. Jahrhundert v. Chr. datierte sog. *Gerätemünzen*, in Bronze gegossene Miniaturen von Spaten, Messern und Kaurischnecken. Im 3. Jahrhundert v. Chr. wurden diese unregelmäßigen Münzformen abgelöst durch gegossene Rundmünzen aus Bronze mit einem quadratischen Loch in der Mitte. Für diese Münzen hat sich in

Europa die Bezeichnung *Käsch* [134] eingebürgert (vermutlich nicht vom Englischen *cash* sondern von Sanskrit *karsha*, seit dem 16. Jahrhundert in Java die allgemeine Bezeichnung für chinesische Münzen). Dieser Münztyp mit vier um das Quadratloch in der Mitte gruppierten Schriftzeichen wurde über mehr als zwei Jahrtausende bis zum Anfang des 20. Jahrhundert verwendet und in riesigen Mengen produziert. Von den vier Schriftzeichen beziehen sich zwei auf den Wert, die beiden anderen auf die Entstehungszeit. Die Käschmünzen haben unterschiedliche Gewichte und Durchmesser, repräsentieren aber allesamt nur «Kleingeld». Das Loch diente dazu, sie auf Schnüre oder Stangen aufzufädeln und so größere Werteinheiten zu bilden. Infolge ihrer einfachen Gestaltung und der Herstellung im Gussverfahren sind Käschmünzen leicht zu fälschen und viele Stücke, die inschriftlich ein hohes Alter vorgeben, sind tatsächlich erst im 20. oder 21. Jahrhundert entstanden. Aufgrund des geringen Nominalwerts der Käschmünzen spielte im größeren Zahlungsverkehr seit dem 16. Jahrhundert das zunächst über Japan, dann aus Europa bezogene Silber eine bedeutende Rolle. Dabei wurden die europäischen Silbermünzen zumeist eingeschmolzen und zu Barren gegossen, teilweise auch direkt in den Geldverkehr übernommen und mit chinesischen Schriftzeichen als Gegenstempel versehen [135]. Ab Mitte des 19. Jahrhunderts wurden vereinzelt, seit 1889/1895 regelmäßig Münzen in europäischer Rundform als *Dollar* und (5, 10, 20, 50) *Cent* geprägt, die sich nach Errichtung der Republik 1911 endgültig durchsetzten. Die sog. *Drachen-Dollars* und ihre Centwerte zeigen neben chinesischer Schrift ihre Herkunft (Provinz) und Wertbezeichnung (= Gewicht) auch in englischer Sprache an, von 7 *Mace* 2 *Kandarin* (= 1 *Dollar*) bis 3,6 *Kandarin* (= 5 Cent). 1 *Mace (Chi'en, Tsien, Käsch)* entsprach 10 *Kandarin* oder 3,778 g. Die Volksrepublik China führte 1955 Aluminiummünzen zu 1, 2 und 5 *Fen* ein (100 *Fen* = 10 *Jiao* = 1 *Yuan*). Erst seit 1980 kamen Werte zu 1, 2, 5 *Jiao* und 1 *Yuan* hinzu.

4. Japan und Korea

In Japan war Münzgeld bis ins 17. Jahrhundert von geringer Bedeutung und wurde zumeist aus China importiert. Auch danach blieb das chinesische Vorbild in Form gegossener Bronzemünzen dominant. Eine Besonderheit sind die *Obans* (*Kobans, Obankin*, von jap. Gold), große ovale, mit Stempeln und Tuscheaufschriften versehene flache Goldtafeln, die unter verringertem Gewicht und Feingehalt (ursprünglich 165 g, 750/100 fein) von ca. 1592 bis 1860 ausgegeben wurden und bis zu 10 *Ryo* wert waren *(*1 *Ryo* = 4 *Bu* = 16 *Shu* = 4000 *Mon*). Die Münzwerte *Bu* und *Shu* wurden in rechteckiger Form in Gold und Silber *(Cho Gin)*, die Münzwerte *Mon* aus Bronze hergestellt. Das 1868 begründete japanische Kaiserreich führte 1870 eine am Dollar orientierte neue Währung ein: 1 *Yen* = 100 *Sen* = 1000 *Rin*. Für den Außenhandel wurden 1874–1877 *Trade-Dollars* gemünzt worden. Zur Produktion der neuen Münzen nach europäischem Standard wurde in Osaka eine eigene Fabrik errichtet und mit englischen Maschinen ausgestattet. Der ursprünglich dem amerikanischen Dollar wertäquivalente *Yen* [137] sank nach dem Zweiten Weltkrieg so stark, dass heute das 1-Yen-Stück die dem Eurocent vergleichbare kleinste japanische Münze darstellt.

In Korea bestimmten chinesische Münzimporte und gegossene Bronzemünzen nach chinesischem Muster, die erstmals 996 ausgegeben wurden, das Münzgeld bis zum Ende des 19. Jahrhunderts 1882 entstanden die ersten Silbermünzen *(Tschon)* und 1892/93 wurde das Münzwesen nach japanischem Vorbild modernisiert: 1 *Whan* = 5 *Yang* = 500 *Fun*, seit 1907 1 *Won* = 100 *Sen*. Im seit 1945 geteilten Korea führte der kommunistische Norden (seit 1948 Demokratische Volksrepublik Korea) 1959 nach chinesischem Vorbild Aluminiummünzen in *Jeon*-(*Chon*-)Werten (1 *Won* = 100 *Jeon*/*Chon*), der Süden (seit 1948 Republik Korea) 1959 Münzen in *Hwan*-Werten ein, die 1966 durch *Won*-Werte (1 *Won* = 10 *Hwan*) abgelöst wurden.

VI. Moderne Münzen

1. Das 20. Jahrhundert

Obwohl seit 1945 Münzgeld im Geldverkehr nur noch eine geringe Rolle spielte, hat sich die Zahl der Münztypen gegenüber dem 19. Jahrhundert annähernd verdoppelt. Das liegt zum einen an der gewachsenen Zahl von Nationalstaaten – Afrika und Teile Asiens und Ozeaniens wuchsen erst nach der Kolonialzeit in das Münzzeitalter hinein –, zum anderen an der besonders seit dem letzten Drittel des 20. Jahrhunderts enorm gestiegenen Zahl von reinen *Sammlermünzen (Gedenkmünzen)* [145–146], die nie im Zahlungsverkehr auftauchen und von vornherein für das Sammelalbum produziert werden.

Mit dem Ersten Weltkrieg brachen die europäischen Goldwährungen zusammen, mit dem Zweiten Weltkrieg die der übrigen Welt, und 1971 wurde als Letztes auch die Golddeckung des amerikanischen Dollars offiziell aufgehoben. Gold wurde nach dem Ersten Weltkrieg nur noch in Form von *Handelsmünzen* und in den letzten Jahrzehnten verstärkt in Form der sog. *Anlagemünzen* [147–151] gemünzt. Im Zahlungsverkehr ist es nirgendwo mehr präsent. Das Silber durchlief einen etwas länger dauernden Auszehrungsprozess. Zwischen den beiden Weltkriegen noch häufig, wenn auch in nicht sehr silberreichen Legierungen in den größeren Kursmünzen enthalten, verschwand es nach 1945 sukzessive und seit den Silberpreissteigerungen von 1965 praktisch vollständig aus dem Zahlungsverkehr. In den zwischen den Weltkriegen seltenen, seit den 1960er Jahren häufigeren und Ende des 20. Jahrhunderts geradezu inflationistische Ausmaße annehmenden nationalen Gedenkmünzen hielt es sich länger. Erst als der Silberpreis im 21. Jahrhundert fast den Nennwert dieser Münzen erreichte, verschwand es auch weitgehend aus den Gedenkmünzen bzw. wurden diese in höheren Nominalen ausgegeben. Gegenwärtig haben wir eine numismatische «Zweiklassengesellschaft»: Dem schrumpfenden Segment der Kursmünzen steht ein stetig wachsendes Segment von Gedenk- und Anlagemünzen gegenüber. Gedenkmünzen dienen nicht dem Geldverkehr (obwohl alle Münzen offiziell kursfähig sind), sondern stellen ein reines Abschöpfen von Kaufkraft von Seiten des Staates dar. Für diese Kategorie der *Sammlermünzen*, *Scheinmünzen* oder *Pseudomünzen* wird neuerdings der in sich zwar unlogische, den Sachverhalt aber durchaus treffende Begriff der *Münzmedaille* gebraucht.

Kursmünzen (Hartgeld) dienen heute nur noch den kleinsten Bedürfnissen des Alltags und tendieren zum Automatengeld. Ihr Gewicht macht sie lästig, und nicht zufällig war in den USA der *Greenback* (1-Dollar-Note) stets beliebter als die 1-Dollar-Münze. Auf die Herstellung der Kursmünzen wird immer weniger Sorgfalt verwendet. Entsprechend unansehnlich kommen sie daher. Der miserable technische Standard der Euromünzen etwa gegenüber den D-Mark-Münzen ist ein schlagendes Beispiel. Den Eindruck, dass man mit einer Münze noch einen «Wert» in den Händen hält, vermittelt heute kaum noch eine Kursmünze.

Mehr Sorgfalt wird auf die Gedenkmünzen verwandt, auch weil mit ihnen vor allem Münzsammler angesprochen werden. Anfangs wurden die Anlässe für Gedenkmünzen sorgfältig und nach nationalem Gewicht ausgesucht. Als sich die Gedenkmünzen aber als gutes Geschäft für den Staat erwiesen, da sie praktisch alle in Sammleralben wanderten und nicht den Verkehr belasteten, wurden immer mehr – und entsprechend beliebigere – Motive aufgelegt und die Stückzahlen der einzelnen Emissionen gesteigert. Die internationale Flut der Gedenk- und Sondermünzen ist heute kaum noch überschaubar, die entsprechenden Münzkataloge haben Umfang und Gewicht von Telefonbüchern. Beispielsweise brachte es die DDR seit 1966 auf 120, die alte Bundesrepublik seit 1952 auf 56 Gedenkmünzen. Das nach der Wiedervereinigung 1990 für ganz Deutschland fortgesetzte Gedenkmünzenprogramm wies beim Ende der D-Mark 2001 30 Gedenkmünzen auf, insgesamt also im Zeitraum von 50 Jahren (1952–2001) 206 Gedenkmünzen. Österreich produzierte 1955–2001 176 Gedenkmünzen (ohne Anlagegold und Werte unter 25 Schilling). Manche Länder, etwa Frankreich, haben diese Zahl noch übertroffen, die meisten blieben allerdings zurückhaltender. Seit Beginn des 21. Jahrhunderts ist aber praktisch kein Land von der Gedenkmünzenflut unberührt. Gedenkmünzen werden seither überall und fast im Rhythmus von Briefmarken herausgegeben. Zwergstaaten bis hin zu fast unbewohnten Inseln haben zur Erzielung von Staatseinkünften geradezu bombastische Münzprogramme aufgelegt, die in gar keiner Beziehung zum Geldverkehr stehen und de facto *Pseudomünzen* und *Münzmedaillen* darstellen.

Mit dem 1. Januar 2002 ersetzten in zwölf Staaten der Europäischen Union die Euromünzen die nationalen Münzen, nachdem seit 1998 bereits alle Preise und Zahlungen auch in Euro ausgewiesen wurden. Bis 2015 kamen weitere Staaten hinzu, so dass gegenwärtig folgende 23 Staaten Euromünzen verwenden: Andorra (seit 2014), Belgien, Deutschland, Estland (seit 2011), Finnland, Frankreich, Griechenland, Irland, Italien, Lettland (seit 2014), Litauen (seit 2015), Luxemburg, Malta (seit 2008), Monaco, Niederlande, Österreich, Portugal, San Marino, Slowakei (seit 2009), Slowenien (seit 2007), Spanien, Vatikan, Zypern (seit 2008). Die Nominalpalette mit einheitlichen Vorderseiten besteht aus 8 Werten: 2, 1 Euro, 50, 20, 10, 5, 2, 1 Cent und ist im gesamten Euroraum kursfähig. Fast alle Eurostaaten geben darüber hinaus Sondermünzen ab 5 Euro aus, deren Kursfähigkeit auf die Ausgabeländer beschränkt ist bzw. die als Goldmünzen fiktive Wertangaben zeigen und in den Bereich der Anlagemünzen gehören.

Anlagegoldmünzen [148–151] sind Münzen aus Feingold (seltener *Guineegold*, 9176,33/1000 fein), deren auf ihnen genannter Geldwert deutlich unter ihrem Metallwert liegt und selbst bei starkem Fall des Goldpreises immer darunter bleiben würde. Insofern sind sie keine wirklichen Münzen, sondern eher in Münzform geprägte Goldbarren. Besonders beliebt sind Münzen von einer Unze Feingold (31,1 g). Die Unze Feingold war 1944 in der internationalen Währungskonferenz von Bretton Woods (USA) auf 35 Dollar fixiert worden. Dieser Kurs wurde 1971 aufgegeben und die Golddeckung des Dollars aufgehoben. Seither ist der Goldpreis ständig gestiegen. Er überschritt 1973 erstmals 100 Dollar und im Zuge der Währungskrise 2008 erstmals 1000 Dollar. Auf dieser Größe hat er sich seither eingepegelt, wobei die von den Notenbanken und Börsen ausgehenden Signale die Tageskurse auch stärker nach oben und unten ausschlagen lassen.

Im Jahre 1967 wurde von der Republik Südafrika eine Goldmünze mit dem Bildnis des Burenpräsidenten Paul Krüger (1825–1904) und der Bezeichnung *Krugerrand* [148] ausgegeben, die eine Unze Feingold enthielt (33,93 g, 917/1000 fein, 31,10 g Gold). Der «Krügerrand» wurde sehr schnell populär, so dass weitere Staaten diesem Beispiel folgten und Münzen mit einer Unze Feingold ausgaben. Am bekanntesten sind (in chronologischer Folge): 1979 Kanada (50 Dollar, *Maple Leaf*) [149], 1982 China (100 Yuan, *Panda*) [150], 1986 Australien (100 Dollars, *Nugget/Kangaroo*), 1986 USA (50 Dollar, *American Eagle*), 1987 Großbritannien (100 Pounds, *Britannia*), 1989 Österreich (2000 Schilling, *Wiener Philharmoniker*) [151], 1990 Singapur (100 Dollar, *Lion's Head*). Deutschland hat die Goldunze in Münzform nur einmal ausgegeben, sinnigerweise 2002 zur Einführung des Euro (Münzwert 200 Euro) [147], ansonsten sich auf Halb- und Achtelunzen beschränkt (100 bzw. 25 Euro). Im internationalen Wettstreit der Münzstätten sind Goldgiganten von 5, 10, 20, 100 Unzen und mehr entstanden. Die gegenwärtigen Rekordhalter sind:

- 31 kg Gold (1000 Unzen), Österreich, Nennwert 100 000 Euro, 2004 («Big Phil»)
- 100 kg Gold, Kanada, Nennwert 1 Million kanadische Dollar, 2007 («Big Maple Leaf»)
- 1000 kg Gold, Australien, Nennwert 1 Million australische Dollar, 2012 («Monster-Kangaroo»).

Auch Silber wird in Anlagemünzen im Unzen-Gewicht emittiert, spielt aber gegenüber dem Gold keine große Rolle, ebenso wie die von Russland und China ausgegebenen Platinmünzen.

2. Übersicht über die gegenwärtigen Münzen der Welt

Angegeben sind die jeweils aktuelle Währung und ihr Einführungsjahr sowie mit Ja oder Nein, ob neben den Kursmünzen auch Gedenk- (Gd-M) und Goldmünzen (Go-M) emittiert worden sind.

Folgende Zwergstaaten, d.h. Staaten mit einem Staatsgebiet unter 10000 km² bzw. weniger als 500000 Einwohnern, sind nicht aufgenommen: Andorra, Bermudas, Brunei, Cook-Inseln, Curaçao, Falkland-Inseln, Fidschi-Inseln, Gibraltar, Kanalinseln Guernsey und Jersey, Amerikanische Jungferninseln, Britische Jungferninseln, Kaiman-Inseln, Macau, Malediven, Isle of Man, Marshall-Inseln, Nauru/Pleasant Islands, Niue/Savage Island, Palau, Pitcairn Islands, Saint Helena, Salomonen, Samoa, San Marino, São Tome und Principe, Seychellen, Somaliland, Südgeorgien und Südliche Sandwich-Inseln, Surinam, Tokelau Islands, Tonga/Freundschaftsinseln, Transnistrien, Tristan da Cunha, Tschagos-Inseln, Turks- und Caicos-Inseln, Tuvalu, Vanuatu/Neu Hebriden, Vatikanstadt.

Land	Währung	seit	Stückelung	Gd-M	Go-M
Afghanistan	Afghani	1927	100 Puls (Pool)	ja	nein
Ägypten	Ägyptisches Pfund Gold: Gunayh	1936	100 Piaster = 1000 Millim	ja	ja
Albanien	Lek (Pl. Lekë)	1965	100 Qindarka	ja	ja
Algerien	Algerischer Dinar	1964	100 Centimes	ja	ja
Angola	Kwanza	1977	100 Lwei, seit 1999 100 Centimos	ja	ja
Arabische Emirate	Emirati Dirham	1973	100 Fils	ja	ja
Argentinien	Argentinischer Peso	1882	100 Centavos	ja	ja
Armenien	Dram (Drachme)	1993	100 Luma (Lepte)	ja	ja
Aserbaidschan	Aserbaidschan-Manat	1992	100 Qäpik (Kopeken)	ja	ja
Äthiopien	Birr/Äthiopischer Dollar	1945	100 Santeem (Cents)	ja	ja
Australien	Australian Dollar	1966	100 Cents	ja	ja

Land	Währung	seit	Stückelung	Gd-M	Go-M
Bahamas	Bahama-Dollar = US-Dollar	1966	100 Cents	ja	ja
Bahrain	Bahrain-Dinar	1965	1000 Fils	ja	nein
Bangladesch	Taka (Rupee)	1971	100 Poisha (Paise)	ja	nein
Barbados	Barbados-Dollar (= 1/2 US-Dollar)	1973	100 Cents	ja	ja
Belgien	Belgischer Frank seit 2002 Euro	1830	100 Centimes	ja	ja
Benin (Dahomey)	Franc	1960	100 Centimes	ja	ja
Bhutan	Ngultrum (= Indische Rupee)	1910	64 Pice/Paise, seit 1957 100 Paise	ja	ja
Bolivien	Boliviano (1963–1987 Peso Boliviano)		100 Centavos 10 Bolivianos = 1 Bolivar (bis 1962)	ja	ja
Bosnien-Herzegowina	Konvertibilna Marka (= D-Mark)	1998	100 Konvertibilni Fening	ja	ja
Botswana	Pula	1976	100 Thebe	ja	ja
Brasilien	Real	1994	100 Centavos	ja	nein
Bulgarien	Lev (Pl. Leva)	1997	100 Stotinki	ja	ja
Burundi	Franc (Burundi-Franc)	1964	ohne Unterteilung		ja
Chile	Peso	1975	100 Centavos	ja	ja
China (Volksrepublik)	Yuan	1949	10 Jiao = 100 Fen	ja	ja
Costa Rica	Costa-Rica Colon	1896	100 Céntimos (Centavos)	ja	ja
Dänemark	Dänische Krone		100 Øre	ja	ja
Deutschland (bis 1945)	Mark, seit 1923 Rentenmark, seit 1925 Reichsmark	1873	100 Pfennig	ja	nein
Deutschland (ab 1990)	Deutsche Mark seit 2002 Euro		100 Pfennig	ja	ja
Deutschland BRD	Deutsche Mark	1948	100 Pfennig	ja	nein
Deutschland DDR	Deutsche Mark, seit 1964 Mark der Deutschen Notenbank (MDN), seit 1968 Mark der DDR	1949	100 Pfennig	ja	nein
Ecuador	Sucre (Peso), seit 2000 US-Dollar	1884	10 Decimos, 100 Centavos 25 Sucre = 1 Condor	ja	ja

Land	**Währung**	**seit**	**Stückelung**	**Gd-M**	**Go-M**
El Salvador	Colón seit 2001 US-Dollar	1919	100 Centavos	ja	ja
Elfenbeinküste	CFA Franc (Franc de la Communauté Financière Africaine)	1945	100 Centimes	ja	ja
Eritrea	Nakfa (davor Äthiopischer Dollar/Birr)	1997	100 Cents (Santeem)	ja	ja
Estland	Estnische Krone (Kroon) seit 2011 Euro	1928–1940, 1992	100 Senti	ja	ja
Faröer	wie Dänemark				
Finnland	Markka seit 2002 Euro	1860	100 Penniä	ja	ja
Frankreich	Franc, seit 2002 Euro	1795	100 Centimes	ja	ja
Gabun	CFA Franc	1945	100 Centimes	ja	ja
Gambia	Dalasi	1971	100 Bututs 100 Dalasi = Keme, 1000 Dalasi = Wuli	ja	ja
Georgien	Lari	1995	100 Tetri	ja	ja
Ghana	Cedi	1965	100 Pesewas	ja	ja
Griechenland	Drachme, seit 2002 Euro	1833	100 Lepta	ja	ja
Großbritannien	Pound Sterling	1971	100 Pence	ja	ja
Guatemala	Quetzal	1924	100 Centavos	ja	nein
Guayana	Guayana-Dollar	1965	100 Cents	ja	ja
Guinea (Bissau)	Guinea-Peso (davor Guinea-Escudo)	1976	100 Centavos	ja	nein
Guinea (Conakry)	Guinea-Franc	1986	ohne Unterteilung	ja	ja
Haiti	Gourde		100 Centimes	ja	ja
Honduras	Lempira	1926	100 Centavos	ja	ja
Hongkong	Hongkong-Dollar (Yuan)	1902	100 Cents (Hsien)	ja	ja
Indien	Rupee	1964	100 Paise Lakh = 100 000 Rupees Crore = 10 000 000 Rupees	ja	nein
Indonesien	Rupiah	1949	100 Sen	ja	ja
Irak	Irakischer Dinar	1931	5 Riyal = 20 Dirham = 1000 Fils	ja	ja

Land	Währung	seit	Stückelung	Gd-M	Go-M
Iran	Rial	1932	100 Dinars Gold: 100 Rials = 1 Pahlewi = 1 Bahar Azadi (seit 1979)	ja	ja
Irland	Irisches Pfund (Pound) seit 2002 Euro	1971	100 Pingin	ja	ja
Island	Króna (Pl. Krónur)	1922	100 Eyrir (Pl. Aurar)	ja	ja
Israel	Sheqel (Pl. Sheqalim), ab 1985 New Sheqel	1980	100 Agora (Pl. Agorot)	ja	ja
Italien	Lira seit 2002 Euro	1946	Ohne Unterteilung	ja	ja
Jamaika	Jamaika-Dollar	1969	100 Cents	ja	ja
Japan	Yen	1954	ohne Unterteilung	ja	gering
Jemen	Jemen-Rial	1990	100 Fils	gering	nein
Jordanien	Jordanischer Dinar	1950	10 Dirham = 100 Piaster = 1000 Fils	ja	ja
Kambodscha	Riel	1955	10 Kak = 100 Sen	ja	ja
Kamerun	Franc (CFA Franc)	1945	100 Centimes	ja	ja
Kanada	Kanadischer Dollar	1858	100 Cent	ja	ja
Kasachstan	Teñge	1993	100 Tin	ja	ja
Katar	Katar-Riyal	1973	100 Dirham	ja	ja
Kenia	Kenya-Pound	1966	20 Kenya Shillings = 100 Cents	ja	ja
Kirgisistan	Som	1993	100 Tyryn	ja	ja
Kolumbien	Peso	1872	100 Centavos	ja	ja
Kongo	Franc (CFA Franc)	1969	100 Centimes	ja	ja
Kroatien	Kuna	1994	100 Lipa	ja	ja
Kuba	Kubanischer Peso		100 Centavos	ja	ja
Kuwait	Kuwaitischer Dinar	1961	10 Dirham = 100 Fils	ja	ja
Laos	Kip	1955	100 Alt	ja	ja
Lesotho	Loti/Maloti (Rand)	1966	100 Lisente (Sg. Sente)	ja	ja
Lettland	Lats seit 2014 Euro	1993	100 Santimu	ja	ja
Libanon	Livre (Libanesisches Pfund)	1925	100 Piastres	ja	ja

Land	Währung	seit	Stückelung	Gd-M	Go-M
Liberia	Liberianischer Dollar		100 Cents	ja	ja
Libyen	Libyscher Dinar	1971	1000 Dirhams	ja	ja
Liechtenstein	Schweizer Franken	1924	100 Rappen	ja	ja
Litauen	Litas seit 2015 Euro	1993	100 Centy	ja	ja
Luxemburg	Frang seit 2002 Euro	1854	100 Centimes	ja	ja
Madagaskar	Madagaskar-Franc	1963	ohne Unter-teilung 5 Franc = 1 Ariary	ja	ja
Malawi	Kwacha	1971	100 Tambala	ja	ja
Malaysia	Ringgit (Malaya Dollar)	1946	100 Sen (Cents)	ja	ja
Mali	Franc (CFA Franc)		100 Centimes	ja	ja
Malta	Lira seit 2008 Euro	1983	100 Cents = 1000 Mils	ja	ja
Malta	Scudo (Malteserorden)		12 Tari = 240 Grani	ja	ja
Marokko	Dirham	1959	100 Francs, seit 1972 100 Centi-mes/Santim	ja	ja
Mauretanien	Ouguiya	1973	ohne Unter-teilung	ja	ja
Mauritius	Rupee	1934	100 Cents	ja	ja
Mazedonien	Denar	1992	100 Deni	ja	ja
Mexiko	Peso	1861	10 Decimos = 100 Centavos	ja	ja
Moldawien	Leu (Pl. Lei)	1993	100 Bani	ja	ja
Monaco	Franc Seit 2002 Euro		100 Centimes	ja	ja
Mongolei	Tögrök (Tugrug, Tugrik)	1924	100 Möngö (Mugun)	ja	ja
Mosambik	Metical (Pl. Meticais)	1980	100 Centavos	ja	nein
Myanmar (Burma)	Kyat	1952	100 Pyas	ja	ja
Namibia	Namibia-Dollar	1990	100 Cents	ja	ja
Nepal	Rupee	1903	2 Mohar = 100 Paisa Gold: Asarfi	ja	ja
Neuseeland	Neuseeland-Dollar (Tala, Tāra)	1967	100 Cents (Tene)	ja	ja
Nicaragua	Córdoba	1912	100 Centavos	ja	ja

Land	Währung	seit	Stückelung	Gd-M	Go-M
Niederlande	Gulden seit 2002 Euro		100 Cent (Centstukken)	ja	ja
Niger	Franc (CFA Franc)	1945	100 Centimes	ja	ja
Nigeria	Naira	1973	100 Kobo	ja	ja
Nordkorea	Won	1948	100 Jeon (Chon, Jon)	ja	ja
Norwegen	Krone		100 Øre	ja	ja
Oman	Rial	1970	1000 Baissa	ja	ja
Österreich	Schilling seit 2002 Euro	1925	100 Groschen	ja	ja
Pakistan	Rupee	1961	100 Paisa, seit 2012 ohne Unterteilung	ja	ja
Panama	Balboa	1903	100 Centésimos	ja	ja
Papua-Neuguinea	Kina	1975	100 Toea	ja	ja
Paraguay	Guarani	1943	100 Céntimos	ja	ja
Peru	Nuevo Sol	1991	100 Céntimos	ja	ja
Philippinen	Piso	1967	100 Sentimos	ja	ja
Polen	Złoty	1924	100 Groszy	ja	ja
Portugal	Escudo seit 2002 Euro	1911	100 Centavos	ja	ja
Ruanda	Franc (Ruanda-Franc)	1964	ohne Unterteilung	ja	ja
Rumänien	Leu (Pl. Lei)	1867	100 Bani	ja	ja
Russland/Sowjetunion	Rubel	1706	100 Kopeken	ja	ja
Sahara (West Sahara)	Sahara-Peseta	1990	ohne Unterteilung	ja	ja
Sambia	Kwacha	1968	100 Ngwee	ja	ja
San Domingo	Dominikanischer Peso	1937	100 Centavos	ja	ja
Saudi Arabien	Riyal Sa'udi	1959	20 Qirsh = 100 Halah	nein	nein
Schweden	Krona (Pl. Kronor)	1873	100 Øre	ja	ja
Schweiz	Schweizer Franken	1798	100 Rappen	ja	ja
Serbien/ Jugoslawien	Dinar	1868	100 Para	ja	ja
Sierra Leone	Leone	1964	100 Cents Gold: 50 Leone = 1 Golde	ja	ja
Simbabwe	Simbabwe-Dollar	1980	100 Cents	nein	nein
Singapur	Singapur-Dollar	1976	100 Cents	ja	ja

Land	Währung	seit	Stückelung	Gd-M	Go-M
Slowakei	Slowakische Krone seit 2009 Euro	1993	100 Heller	ja	ja
Slowenien	Tolar seit 2007 Euro	1991	100 Stotinov (Sg. Stotin)	ja	ja
Somalia	Scellino (Somalischer Shilling)	1960	100 Cents (Centesimi, Senti)	ja	ja
Spanien	Peseta seit 2002 Euro	1868	100 Céntimos = 1000 Milésimas, seit 1984 ohne Unterteilung	ja	ja
Sri Lanka	Sri-Lanka-Rupee	1972	100 Cents	ja	ja
Südafrika	Rand	1961	100 Cents	ja	ja
Sudan	Neues Sudanesisches Pfund	2007	100 Piaster = 1000 Millim	ja	ja
Südkorea	Won (1953–1962 Hwan)	1948	100 Jeon (Chon, Jon)	ja	ja
Surinam	Surinam-Gulden, seit 2004 Surinam-Dollar	1975	100 Cent	ja	ja
Swasiland	Lilangeni (Pl. Emalangeni)	1974	100 Cents	ja	ja
Syrien	Lira/Syrisches Pfund	1944	100 Qirsh/ syrische Piaster	nein	nein
Tadschikistan	Somonj	2000	100 Diram	ja	nein
Tahiti	Franc (CFP Franc)	1945	100 Centimes	ja	nein
Taiwan	Yuan/Taiwan-Dollar	1949	10 Yiao (Dimes) = 100 Fen (Cents)	ja	ja
Tansania	Shilingi/Tanzania-Shilling	1966	100 Senti (Cents)	ja	ja
Thailand	Baht		100 Satang, seit 1958 ohne Unterteilung	ja	ja
Timor	Rupiah seit 2000 US-Dollar	1975	100 Centavos/ Sen	nein	nein
Togo	Franc (CFA Franc)	1945	100 Centimes	ja	ja
Trinidad und Tobago	Trinidad- und Tobago-Dollar	1966	100 Cents	ja	ja
Tschad	Franc (CFA Franc)	1958	100 Centimes	ja	ja
Tschechien/CSR	Koruna	1919	100 Haléřů	ja	ja
Tunesien	Tunesischer Dinar	1958	1000 Millimes	ja	ja
Türkei	Türk Lirasi	2009	100 Kuruş	ja	ja
Turkmenistan	Manat	1993	100 Teňňe	ja	ja

Land	Währung	seit	Stückelung	Gd-M	Go-M
Uganda	Uganda-Shilling	1966	100 Cents, seit 1987 ohne Unterteilung	ja	ja
Ukraine	Hryvnja	1996	100 Kopijok	ja	ja
Ungarn	Forint	1946	100 Fillér	ja	ja
Uruguay	Peso Uruguayo	1993	100 Centésimos	ja	ja
USA	US-Dollar	1789	100 Cents (Quarter = 25 Cents, Dime/Disme = 20 Cents, Nickel = 5 Cents, Trime = 3 Cents, Penny = 1 Cent) Eagle = 10 Dollar Gold	ja	ja
Usbekistan	Söm/So'm	1993	100 Tiyin	ja	ja
Venezuela	Bolivar Fuerte	2008	100 Céntimos	ja	ja
Vietnam	Döng	1978	10 Hao, seit 2004 ohne Unterteilung	ja	ja
Weißrussland	Weißrussischer Rubel	1993	100 Kapejek (nicht gemünzt)	ja	ja
Westafrikanische Staaten (Französisch Westafrika)	Franc (CFA Franc)	1944–2005	100 Centimes	ja	ja
Zaire	Kongo-Franc	1998	100 Centimes	ja	ja
Zentralafrikanische Staaten (Französisch-Äquatorialafrika)	Franc (CFA Franc)	1943–2006	100 Centimes	ja	nein
Zypern	Lira/Zyprisches Pfund seit 2008 Euro	1983	100 Sent	ja	ja

Literaturhinweise

Die numismatische Literatur ist umfangreich und heterogen. Da an dieser Stelle keine Spezialbibliographie gegeben werden kann, ist vor allem die Überblicksliteratur seit 1980 berücksichtigt. Dabei gehört es zur Dialektik der Numismatik wie aller Wissenschaften, dass ihre besten Leistungen nicht in den Überblicksdarstellungen, sondern in der Detailforschung stecken.

Für die bis 1980 erschienene Literatur sei auf die Bibliographien von Clain-Stefanelli (Universal; 18311 Titelnachweise) und Grierson (selektiv auf das Wesentliche konzentriert mit pointierten Wertungen) verwiesen. Wer tiefer graben möchte, kann dies in den umfangreichen kommentierenden Schrifttumsberichten tun, welche seit 1960 im Rhythmus der alle sechs Jahre stattfindenden Internationalen Numismatischen Kongresse erscheinen (*A Survey of Numismatic Research*, zuletzt für den Zeitraum 2008–2014, Taormina 2015).

Münzen sind Gegenstand sowohl numismatischer Forschung wie privaten Sammelns. Die numismatische Literatur spiegelt das wider. Beide Interessen sind am besten ausbalanciert in der sechsbändigen Münzenzyklopädie *Die Welt der Münzen* (hg. v. P. A. Clayton, München 1972–1978) mit Einzelbänden für griechische, römische, byzantinische, mittelalterliche, neuzeitliche und moderne Münzen (s. dort). Die zahlreichen Abbildungen in doppelter Größe vermitteln dabei auch einen Eindruck vom künstlerischen Wert und ästhetischen Genuss, den Münzen zu bieten vermögen.

I. Allgemeines

Bibliographien

Clain-Stefanelli, Elvira E.: Numismatic Bibliography, München 1985

Grierson, Philip: Bibliographie numismatique, Brüssel ²1979

Lexika

Amandry, Michel (Hg.): Dictionaire de numismatique, Paris 2001

Kahnt, Helmut: Das große Münzlexikon von A bis Z, Regenstauf 2005

Klütz, Konrad: Münznamen und ihre Herkunft. Grundriss einer etymologischen Ordnung der Münznamen, Wien 2004

Kroha, Tyll: Großes Lexikon der Numismatik, Gütersloh 1997

North, Michael (Hrg.): Von Aktie bis Zoll. Ein historisches Lexikon des Geldes, München 1995

Schrötter, Friedrich Frhr. v. (Hg.): Wörterbuch der Münzkunde. In Verbindung mit N. Bauer, K. Regling, A. Suhle, R. Vasmer und J. Wilcke, Berlin/Leipzig 1930 (ND Berlin 1970)

Überblicksdarstellungen zur Münz- und Geldgeschichte

Chown, John F.: A History of Money from AD 800, London 1994

Cribb, Joe/Cook, Barrie/Carradice, Ian: The Coin Atlas. The World of Coinage from its Origin to the Present Day, London 1990

Depeyrot, Georges: Histoire de la monnaie des origines au 18e siècle, I. Introduction.

De l'Antiquité au treizième siècle, II. Du quatorzième au seizième siècle, III. Les dix-septième et dix-huitième siècles (Collection Moneta 2–4), Wetteren 1995–1996
Münzen und Medaillen. 100 Themen. Die Ausstellung des Münzkabinetts im Bode-Museum, München u. a. 2006
North, Michael: Das Geld und seine Geschichte. Vom Mittelalter bis zur Gegenwart, München 1994
Price, Martin J. (Hg.): Die Münzen der Welt. Ein Handbuch über 2500 Jahre Geld- und Kulturgeschichte, Freiburg/Basel/Wien 1981
Weimer, Wolfram: Geschichte des Geldes, Frankfurt a. M./Leipzig 1992
Williams, Jonathan (Hg.): Money. A History, London 1997

Numismatik

Clain-Stefanelli, Elvira E.: Numismatics, an Ancient Science. A Survey of its History, Washington 1965
Göbl, Robert: Numismatik. Grundriss und wissenschaftliches System, München 1987
Grierson, Philip: Numismatics, Oxford 1975
Klüssendorf, Niklot: Münzkunde – Basiswissen, Hannover 2009

Münztechnik

Cooper, Denis R.: The Art and Craft of Coinmaking. A History of Minting Technology, London 1988
Hammer, Peter: Metall und Münze, Leipzig/Stuttgart 1993
Meding, Holger R.: Die Herstellung von Münzen. Von der Handarbeit im Mittelalter zu den modernen Fertigungsverfahren, Frankfurt a. M. 2006

2. Spezielles

Antike allgemein

Christ, Karl: Antike Numismatik, Darmstadt [3]1991 [knappste Einführung]
Göbl, Robert: Antike Numismatik, 2 Bde., München 1978
Howgego, Christopher: Geld in der antiken Welt, Darmstadt [2]2011
Radnoti-Alföldi, Maria: Antike Numismatik, Teil I: Theorie und Praxis, Teil II: Bibliographie, Mainz 1978
Metcalf, William E. (Hg.): The Oxford Handbook of Greek and Roman Coinage, Oxford 2012

Griechen

Carradice, Ian/Price, Martin: Coinage in the Greek World, London 1988
Franke, Peter Robert/Hirmer, Max: Die griechische Münze, München 1964
Jenkins, Gilbert Kenneth/Küthmann, Harald: Münzen der Griechen (Die Welt der Münzen 1), München 1972

Römer

Burnett, Andrew: Coinage in the Roman World, London 1987
Butcher, Kenneth: Roman Provincial Coins. An Introduction to the «Greek Imperials», London 1988
Crawford, Michael H.: Roman Republican Coinage, 2 Bde., Cambridge 1974
Kent, John P. C./Overbeck, Bernhard/Stylow, Armin U.: Die römische Münze, München 1973
The Roman Imperial Coinage (RIC), Band I–X, London 1923–1994 [wiss. Gesamtkatalog der römischen Reichsprägung in unnachahmlicher britischer Prägnanz]

Roman Provincial Coinage (RPC), Band I ff., London 1992 ff. [Gesamtkatalogisierung der römischen Provinzialprägung nach dem Vorbild des RIC, bisher Bände I, II, IV und VII, nur der Zeitraum 44 v. Chr. bis 96 n. Chr. komplett]

Sutherland, Carol H. W.: Münzen der Römer (Die Welt der Münzen 2), München 1974

Sammlerkataloge

Albert, Rainer: Die Münzen der Römischen Republik, Regenstauf [2]2011

Kampmann, Ursula: Die Münzen der römischen Kaiserzeit, Regenstauf [2]2011

Kelten

Nash, Daphne: Coinage of the Celtic World, London 1987

Ziegaus, Bernhard: Das Geld der Kelten und ihrer Nachbarn, München 1994 [Ausstellungskatalog]

Byzanz

Grierson, Philip: Byzantine Coins, London/Los Angeles 1982

Whitting, Philip D.: Münzen von Byzanz (Die Welt der Münzen 3), München 1973

Sammlerkatalog: Sommer, Andreas Urs: Die Münzen des Byzantinischen Reiches 491–1453, Regenstauf 2010

Mittelalter

Engel, Arthur/Serrure, Raymond: Traité de numismatique du moyen age, 3 Bde., Paris 1891–1905 (ND Bologna 1964)

Grierson, Philip: Münzen des Mittelalters (Die Welt der Münzen 4), München 1976 (aktualisierte englische Fassung: The Coins of Medieval Europe, London 1991)

Grierson, Philip/Blackburn, Mark: Medieval European Coinage. With a catalogue of the coins in the Fitzwilliam Museum, Cambridge, I. The Early Middle Ages (5th–10th centuries), Cambridge 1986

Kluge, Bernd: Numismatik des Mittelalters, Band I: Handbuch und Thesaurus Nummorum Medii Aevi, Berlin/Wien 2007

Spufford, Peter: Money and its use in medieval Europe, Cambridge 1988

Neuzeit

Buttrey, Theodor: Coinage of the Americas, New York 1973

Clain-Stefanelli, Elvira E./Clain-Stefanelli, Vladimir: Münzen der Neuzeit (Die Welt der Münzen 5), München 1978

Engel, Arthur/Serrure, Raymond: Traité de numismatique moderne et contemporaine, 2 Bände, Paris 1897–1899

Prokisch, Bernhard: Grunddaten zur europäischen Münzprägung der Neuzeit ca. 1500–1990. Münzstände, Prägeberechtigte, Münzstätten, Kurzbibliographie, Versuch einer Abfolgeordnung, Wien 1993

Repertorium zur neuzeitlichen Münzprägung Europas, Wien 1996 ff. Bisher sind folgende Bände erschienen: II. Heiliges Römisches Reich Deutscher Nation und Nachfolgestaaten. Der Bayerische Reichskreis, 1996. III. Heiliges Römisches Reich Deutscher Nation und Nachfolgestaaten. Der Fränkische Reichskreis, 2004. XVIII. Südosteuropa, 1999

Rittmann, Herbert: Moderne Münzen (Die Welt der Münzen 6), München 1974

Sammlerkataloge

Die vom Verlag Krause Publication in Iowa (Wisc., USA) herausgegebenen Weltmünzkataloge (gegenwärtig von G. S. Cuhaj betreut) sind die allgemein verbreiteten und ständig aktualisierten Katalogwerke der Weltmünzen seit dem 17. Jahrhundert. Die von Günther Schön im Battenberg-Verlag begründeten und ebenfalls fast jährlich aktualisierten deutschsprachigen Pendants stehen dem amerikanischen Vorbild kaum nach.

Cuhaj, George S. (Hg.): Standard Catalog of World Coins. – *Folgende Bände liegen vor:* 1601–1700, [6]2014; 1701–1800, [6]2014; 1801–1900, [8]2016; 1901–2000, [43]2015; 2001–Date, [10]2015

Schön, Günther/Kahnt, Helmut: Weltmünzkatalog 19. Jahrhundert 1801–1900, [17]2016

–/Schön, Gerhard: Weltmünzkatalog 20. Jahrhundert 1900–2000, [44]2016

–/Krämer, Sebastian: Weltmünzkatalog 21. Jahrhundert 2000–2015, [2]2016

Schön, Gerhard: Die Münzen der Europäischen Währungsunion 1999–2015, [14]2015

Friedberg, Robert/Friedberg Ira S.: Gold Coins of the World. From Ancient Times to Present, [8]2009

Orient

Broome, Michael: A Handbook of Islamic Coins, London 1985 [mehr eine Einführung]

Mitchiner, Michael: Oriental Coins and their Value, I: The World of Islam, II: The Ancient and Classical World 600 B. C. – 600 A. D., III: Non-Islamic States and Western Colonies 600–1979, London 1977–1979

Plant, Richard J.: Arabic Coins and How to Read Them, London [2]1980

Schaendlinger, Anton: Osmanische Numismatik. Von den Anfängen des osmanischen Reiches bis zur Auflösung 1922, Braunschweig 1973

Deutschland

Die Literatur zu weiteren einzelnen Ländern würde den hier vorgegebenen Umfang sprengen.

Kluge, Bernd: Deutsche Münzgeschichte von der späten Karolingerzeit bis zum Ende der Salier (ca. 900–1125), Sigmaringen 1991

Rittmann, Herbert: Deutsche Geldgeschichte seit 1914, München 1986

–: Deutsche Münz- und Geldgeschichte bis 1914, Solingen 2003

Sprenger, Bernd: Das Geld der Deutschen. Geldgeschichte Deutschlands von den Anfängen bis zur Gegenwart, Paderborn [3]2002

Trapp, Wolfgang/Fried, Torsten: Handbuch der Münzkunde und des Geldwesens in Deutschland, Stuttgart [2]2006

Münzkataloge zu Deutschland

Nicol, Douglas N./Cuhaj, George S. (Hg.): Standard Catalog of German Coins 1501–Present, Iola (Wisc.) [3]2014

Schön, Günther/Schön, Gerhard: Deutscher Münzkatalog 18. Jahrhundert 1700–1806, Regenstauf [4]2008

Arnold, Paul/Küthmann, Carl/Steinhilber, Dirk/Fassbender, Dieter: Großer deutscher Münzkatalog von 1800 bis heute, Regenstauf [31]2016

Jaeger, Kurt/Sonntag, Michael Kurt: Die deutschen Münzen seit 1871, Regenstauf [24]2016

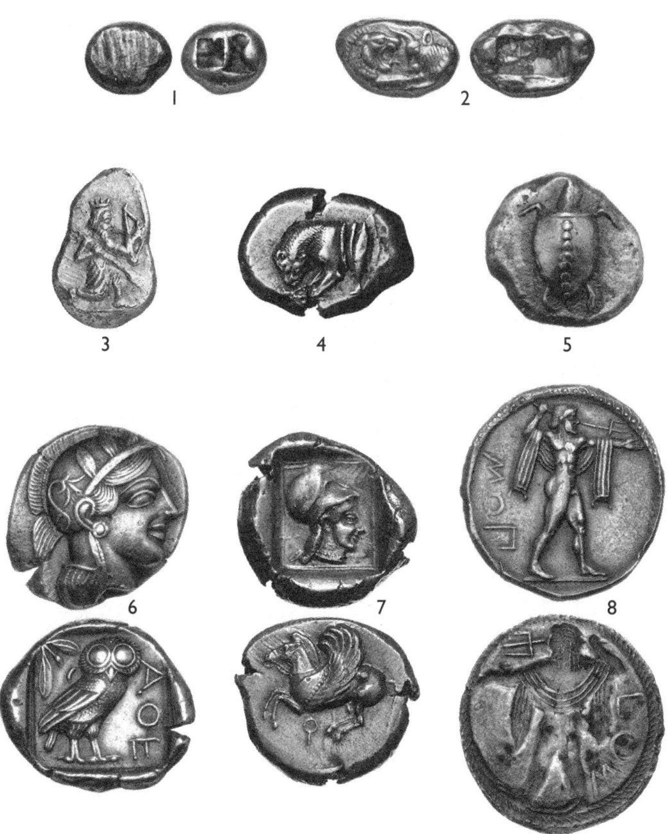

I. Griechische Münzen (7.–5. Jahrhundert v.Chr.)

1. Lydien (Kleinasien), *1/3 Elektronstater (Trite)*. 2. Hälfte 7. Jh. v.Chr. 18202879. – **2**. *Lydischer Goldstater (Kroiseios)*, ca. 610–560 v.Chr. 18202886. – **3**. *Persischer Goldstater (Dareikos)*, ca. 500–350 v.Chr. 18202620. – **4**. Kyzikos, *Elektronstater*, ca. 500–480 v.Chr. 18203041. – **5**. Aigina. *Silberstater*. ca. 560–500 v.Chr. 18203052. – **6**. Athen, *Tetradrachme*. ca. 450–400 v.Chr. 18214973. – **7**. Korinth. *Stater*. ca. 510–480 v.Chr. 18203388 – **8**. Poseidonia (Unteritalien). *Stater* mit inkuser Rückseite. ca. 525–500 v.Chr. 18215996.

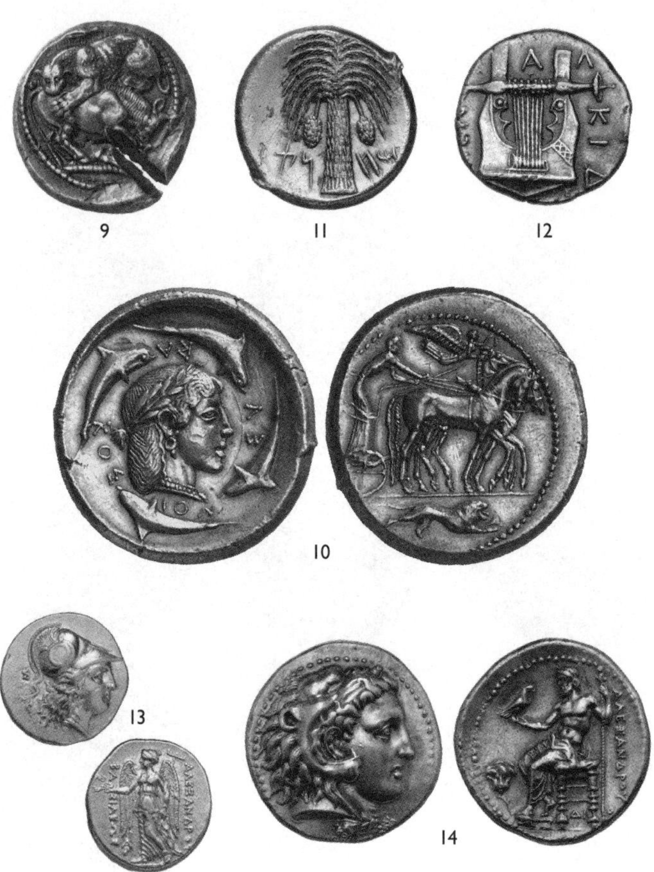

II. Griechische Münzen (5.–4. Jahrhundert v.Chr.)

9. Akanthos (Makedonien). *Tetradrachme* (mit Prüfeinhieb), 500–480 v.Chr. 18200826. – **10**. Syrakus. *Dekadrachme (Demareteion)*, um 465 v.Chr. 18200827. – **11**. Karthago (sizilische Münzstätte?). *Tetradrachme*, 425–406 v.Chr. 18206034. – **12**. Chalkidischer Bund, Olynth. *Tetradrachme*, ca. 392–383 v.Chr. 18216681. – **13**. Alexander der Große. *Goldstater*. Arados, 328–320 v.Chr. 18202957. – **14**. Alexander der Große. *Tetradrachme*. Memphis, 332–323 v.Chr. 18202968.

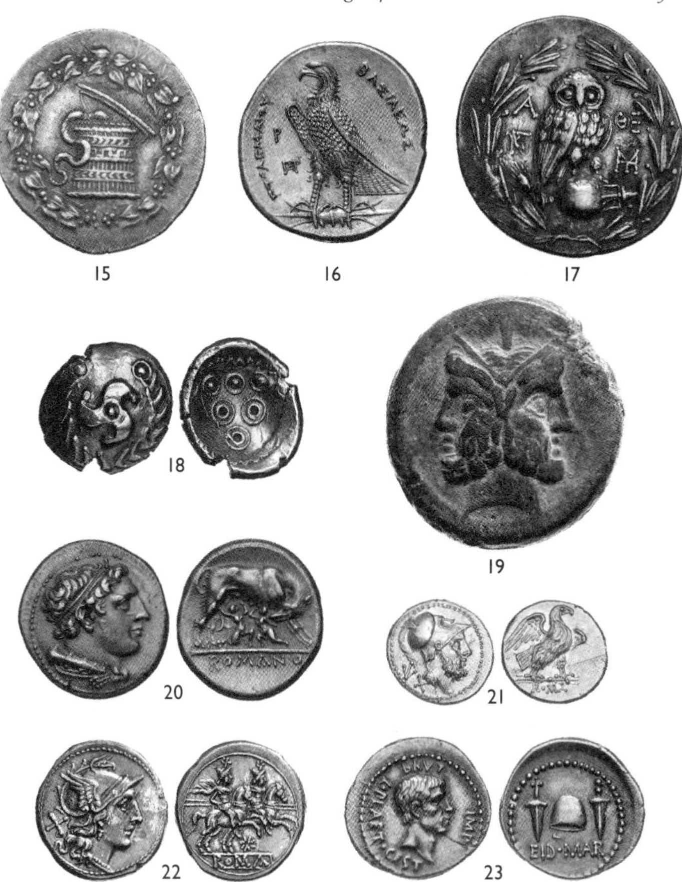

III. Griechen, Kelten, Römische Republik (3.–1. Jahrhundert v.Chr.)

15. Pergamon. *Cistophor*, ca. 166–160 v.Chr. 18204205 – **16**. Ägypten, Ptolemaios I. (305–282 v.Chr.). *Tetradrachme*. 18203061. – **17**. Athen. *Tetrachme* des »Neuen Stils«, ca. 170/160–150 v.Chr. 18204000. – **18**. Kelten, *Goldstater (Regenbogenschüsselchen)*, 1. Jh. v.Chr. 18204958. – **19**. Rom. *Aes grave*. *As* auf Sextantalfuß, Ende 3. Jh. v.Chr. 18201125. – **20**. Rom. *Didrachme*, 269–266 v.Chr. 18200982. – **21**. Rom. *Goldmünze* zu 60 Assen, um 211 v.Chr. 18200936 – **22**. Rom. *Denar* zu 10 Assen, nach 211 v.Chr. 18201257. – **23**. Rom. *Denar* des Münzmeisters M. Iunius Brutus auf die Ermordung Cäsars an den Iden des März (EID MAR), 15. März 44. v.Chr. Rom. 43–42 v.Chr. 182021989.

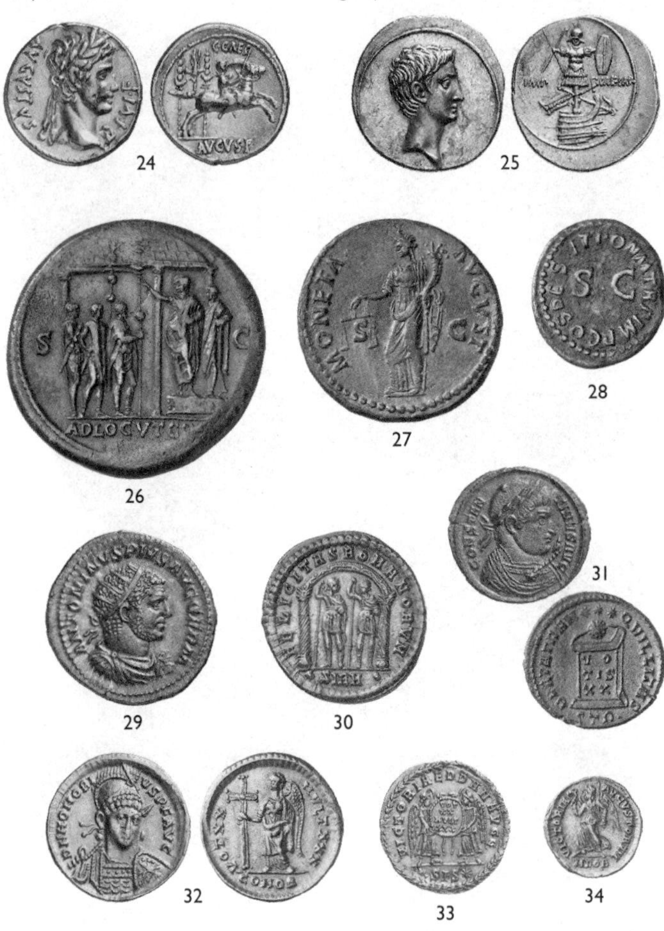

IV. Römische Reichsprägung (1. Jahrhundert v.Chr. – 5. Jahrhundert n.Chr.)

24. Augustus. *Aureus*, 8 v.Chr. 18202573. – **25**. Augustus. *Denar*, 29–27 v.Chr. 18202361. – **26**. Nero. *Sesterz*, um 65 n.Chr. 18200248. – **27**. Domitian. *As*, um 85 n.Chr. 18200506. – **28**. Claudius. *Quadrans*, 41 n.Chr. 18200482. – **29**. Caracalla. *Antoninian*, 215–217. 18200430. – **30**. Constantius II. *Miliarense*, 337–361. 18201269. – **31**. Constantin I. *Follis*, 321–323. 18201170. – **32**. Honorius. *Solidus*, 420–422. 18200316. – **33**. Constantius II. *Semis*, 345–350. 18200794. – **34**. Flavius Victor. *Triens*, 387–388. 18201285.

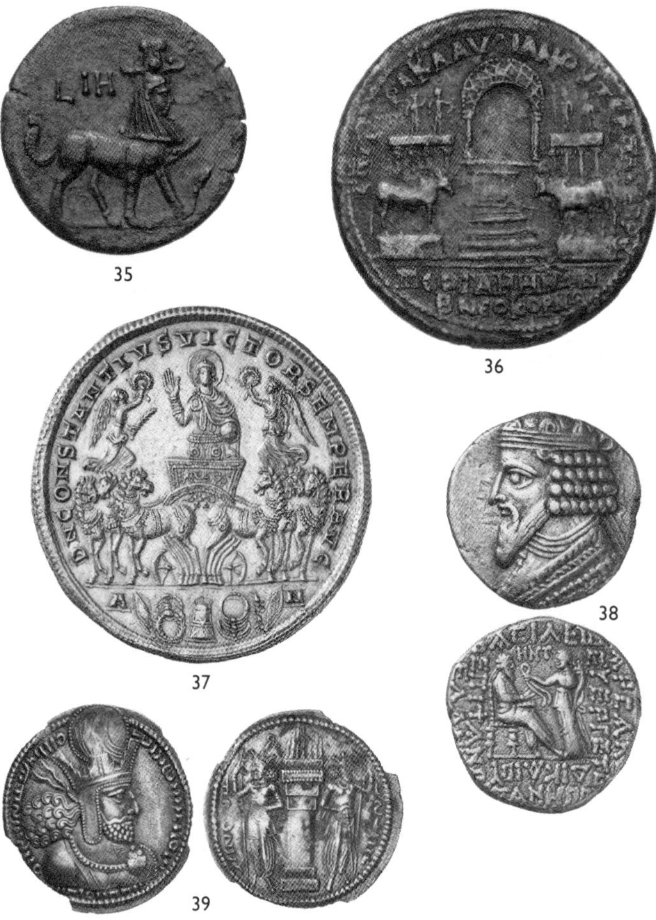

V. Römische Provinzialprägung, Medaillons, Parther, Sasaniden (1.–5. Jahrhundert n. Chr.)

35. Ägypten, Hadrian. *Drachme*, 133–134. 18201166. – **36**. Stadt Pergamon (Kleinasien), *Großbronze* mit Darstellung des Pergamonaltars, 193–211. 18200904. – **37**. Constantius II. *Goldmedaillon* zu 9 Solidi mit Darstellung des Kaisers im Triumphwagen, 348. 18200511. – **38**. Parther. Gotarzes II. *Tetradrachme*, 47. 18202718. – **39**. Sasaniden. Shapur I. *Drachme*, 260–272. 18204225.

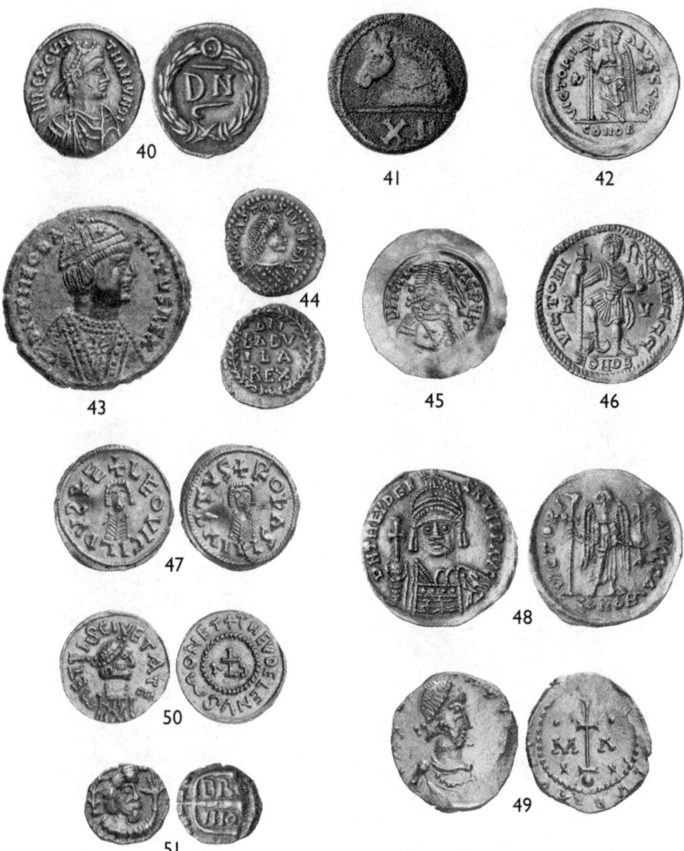

VI. Von der Spätantike ins Frühmittelalter (5.–8. Jahrhundert)

Vandalen in Nordafrika: **40**. Gunthamund (484–496), 100 *Denare*. 18201514. – **41**. 12 *Nummi*, ab 490. 18201525. – **Ostgoten in Italien**: **42**. Theoderich (493–526). *Solidus*. 18201431. – **43**. Theodahat (534–536), *Follis*. 18201447. – **44**. Baduila (541–552), *Halbsiliqua*. 18201444. – **Langobarden in Italien**: **45**. Cunincpert (689–701). *Triens*. 18201560. – **Westgoten in Gallien**: **46**. *Pseudoimperialer Solidus*, 5. Jh. 18206271 – **Westgoten in Spanien**: **47**. Leovigild (572–586). *Triens*. 18206275. – **Merowingerreich**: **48**. Theudebert I. (533–547). *Solidus*. 18202273. – **49**. Dagobert I. (613/31–639). *Solidus*. Marseille, Monetar Eligius. 18202291. – **50**. Metz, Monetar Theudelenus, *Triens*. 18202308. – **51**. Hausmeier Ebroin (gest. 680/83). *Denar*. 18202329.

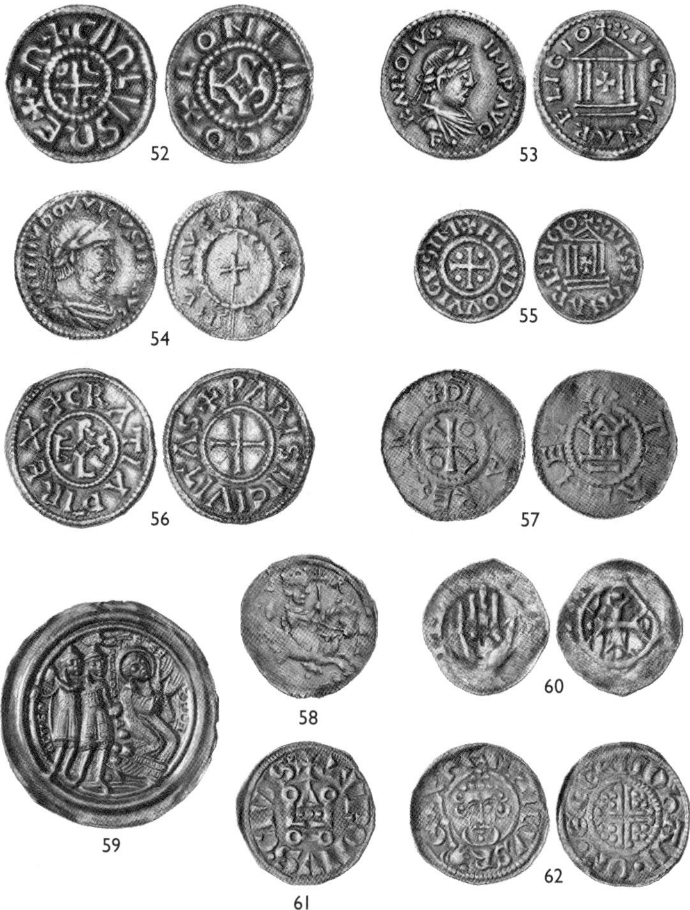

VII. Das Zeitalter des Denars/Pfennigs (8.–13. Jahrhundert)

52. Karl der Große (768–814), *Reformdenar*, ab 793/94. 18202708. – **53**. Karl der Große. *Porträtdenar*, 813/14. 18202748. – **54**. Ludwig der Fromme (814–840), *Solidus*. 18202824. – **55**. Ludwig der Fromme. *Obol*. 18202822. – **56**. Karl der Kahle (840–876), *DGR-Denar*, nach 864. 18202878. – **57**. Deutsches Reich. *Otto-Adelheid-Pfennig*, ab 984. 18202374. – **58**. Goslar. *Denar*, 1106–1111. 18202389. – **59**. Halberstadt, *Brakteat*, um 1170. 18201076. – **60**. Schwäbisch-Hall. *Heller* ab ca. 1190. 18219054. – **61**. Frankreich. *Denier tournois*, 1180–1223. 18205214. – **62**. England, *Short Cross Sterling*, 1180–1249. 18202975.

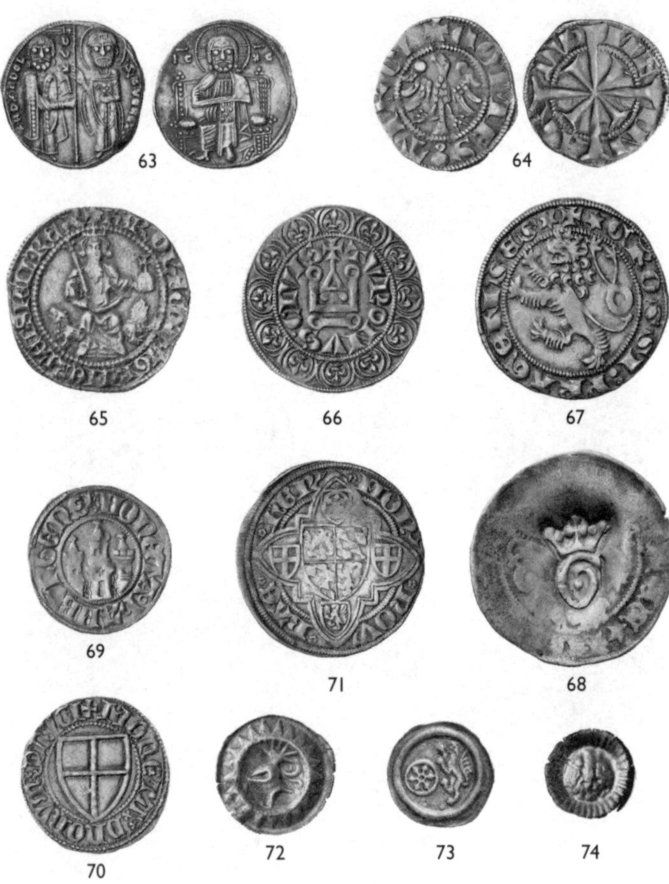

VIII. Spätmittelalter (13.–15. Jahrhundert). Silbermünzen (Groschen)

63. Venedig. *Matapan*, 1194–1205. 18204385. – **64**. Tirol. *Kreuzer*, ab 1274/75. 18206089. – **65**. Neapel. *Gigliato*, 1303–1309. 18205986. – **66**. Frankreich. *Gros tournois*, ab 1266. 18205217. – **67**. Böhmen. *Prager Groschen*, ab 1300. 18214104. – **68**. *Prager Groschen mit Gegenstempel* von Göttingen, 15. Jh. 18215503. – **69**. Hamburg. *Witten*, ab 1365. 18238347. – **70**. Deutscher Orden. *Schilling*, ab ca. 1380. 18206611. – **71**. Rheinischer Münzverein, Rheinpfalz. *Albus*, nach 1420. 18252410. – **72**. Mark Brandenburg. *Hohlpfennig*, 15. Jh. 18206727. – **73**. Mainz. *Hohlringheller*, 1419–1434. 18252411. – **74**. Stadt Salzwedel (Altmark), *Hohlscherf*. 18206728.

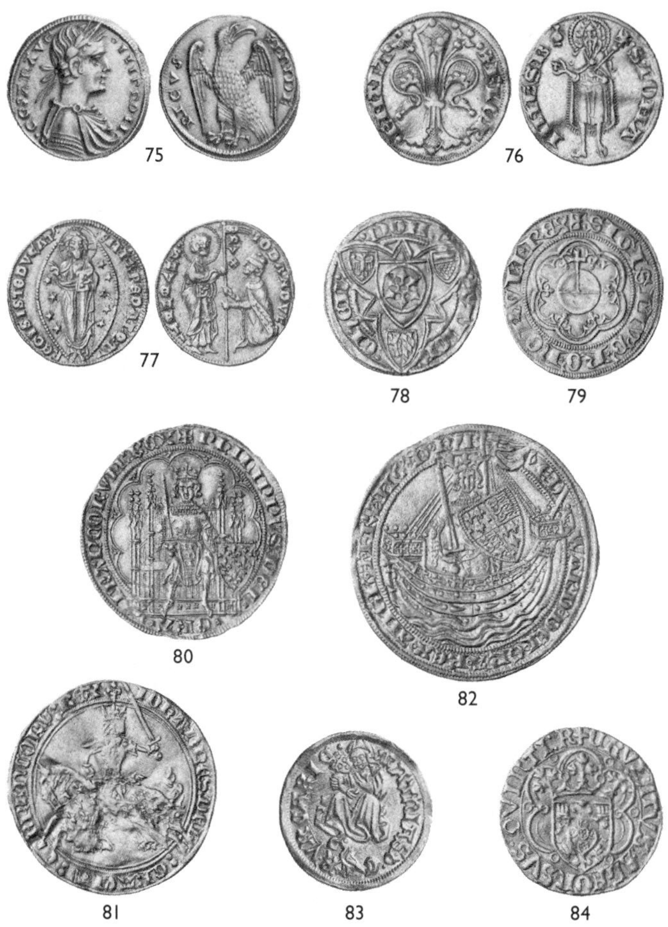

IX. Spätmittelalter (13.–15. Jahrhundert). Goldmünzen

75. Sizilien. Friedrich II. *Augustal*, ab 1231. 18204697. – **76**. Florenz. *Floren*, ab 1252. 18205533. – **77**. Venedig. *Dukat*, ab 1284. 18205535. – **78**. Mainz. *Rheinischer Goldgulden*, 1385/86. 18206130. – **79**. Frankfurt. *Apfelgulden*, ab 1419. 18206211. – **80**. Frankreich. *Ecu d'or*, ab 1337. 18205192. – **81**. Frankreich. *Franc à cheval*, 1360/61. 18205198. – **82**. England. *Noble*, 1351–1361. 18206616. – **83**. Ungarn. *Goldgulden/Dukat*, ab 1470. 18206625. – **84**. Portugal. *Cruzado*, 1438–1481. 18205686.

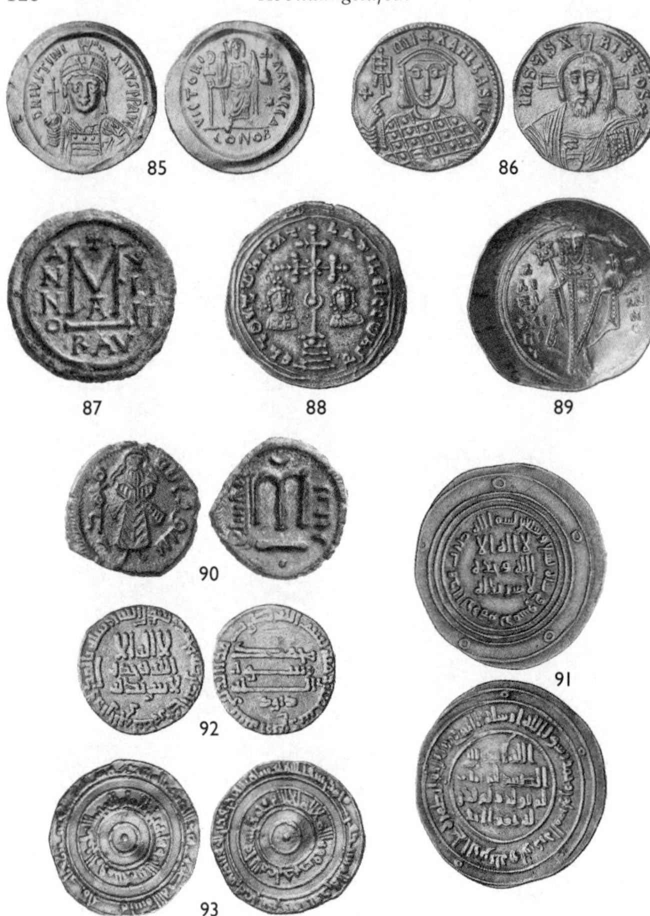

X. Byzanz und Araber (6.–12. Jahrhundert)

Byzanz: **85**. Justinian I. *Solidus*, ab 542. 18204090. – **86**. Michael III. *Solidus*, 856–867. 18204108. – **87**. Heraclius I. *Follis*, 618/19. 18204177. – **88**. Basilius II. und Constantin VIII. *Miliarense*, 976–1025. 18204164. – **89**. Alexios I. *Hyperperon*, 1092–1118. 18204128.
Araber: **90**. Jerusalem. *Fulus* mit Kalifendarstellung, ca. 670–685. 18204723. – **91**. Abd al-Malik. *Dirham*, 79 H (697/98). 18204491. – **92**. Harun al-Raschid. *Dinar*, 174 H (790/91). 18205161. – **93**. Fatimiden in Ägypten. *Dinar*, 368 H (975/76). 18205185.

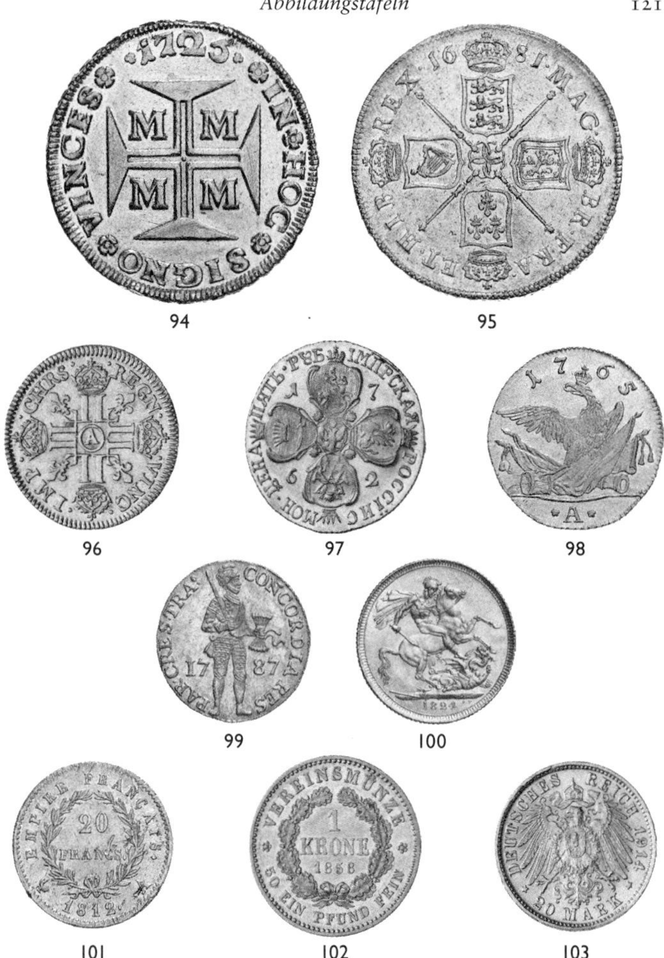

XI. Europäische Goldmünzen der Neuzeit

94. Portugal, Johann V. *Dobrão* 1725. 18222040. – **95**. England, Karl II. *5 Guineas* 1681. 18227426. – **96**. Frankreich. Ludwig XIV. *Louisdor* 1643. 18201415. – **97**. Russland, Peter III. *½ Imperial* (5 Rubel) 1762. 18203606. – **98**. Preußen. Friedrich II. *Friedrichsdor* (5 Taler) 1765. 18219944. – **99**. Niederlande. *Dukat* 1787. 18203582. – **100**. Großbritannien, Georg IV. *Sovereign (Pound)* 1824. 18204858. – **101**. Frankreich. *20 Franc* 1812 (*Napoleondor*). 18227366. – **102**. Preußen. *Krone* 1858. 18213836. – **103**. Deutsches Kaiserreich. *20 Mark* 1914. 18203928.

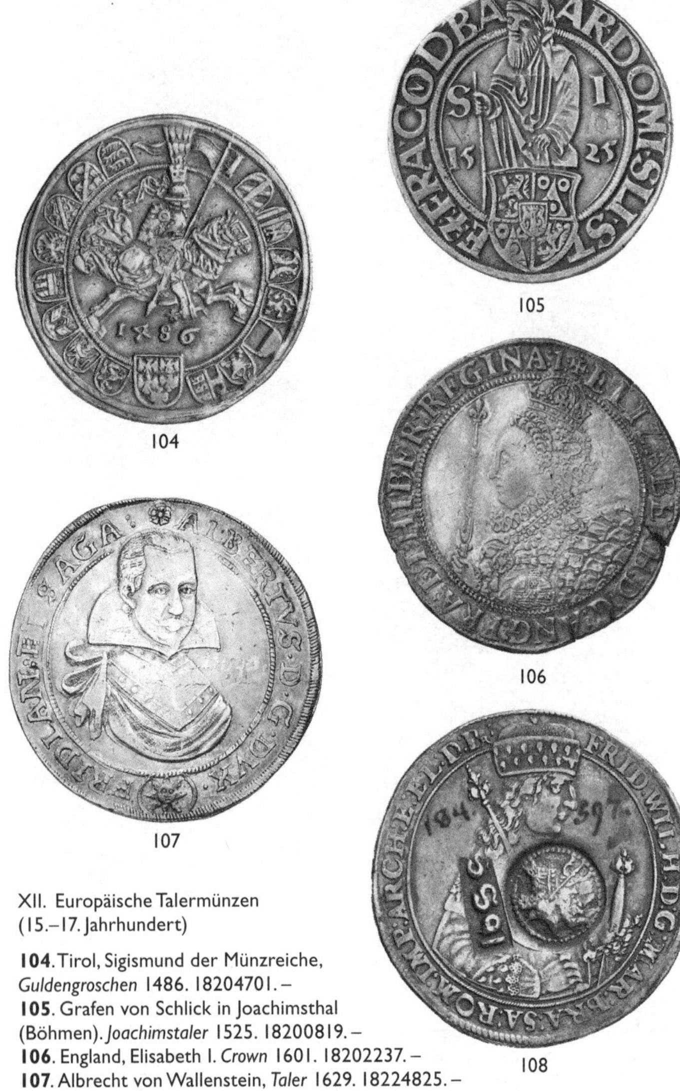

XII. Europäische Talermünzen
(15.–17. Jahrhundert)

104. Tirol, Sigismund der Münzreiche, *Guldengroschen* 1486. 18204701. – **105**. Grafen von Schlick in Joachimsthal (Böhmen). *Joachimstaler* 1525. 18200819. – **106**. England, Elisabeth I. *Crown* 1601. 18202237. – **107**. Albrecht von Wallenstein, *Taler* 1629. 18224825. – **108**. Brandenburg-Preußen, *Taler* 1641 mit russischem Gegenstempel von 1655 *(Jefimok)*. 18200818.

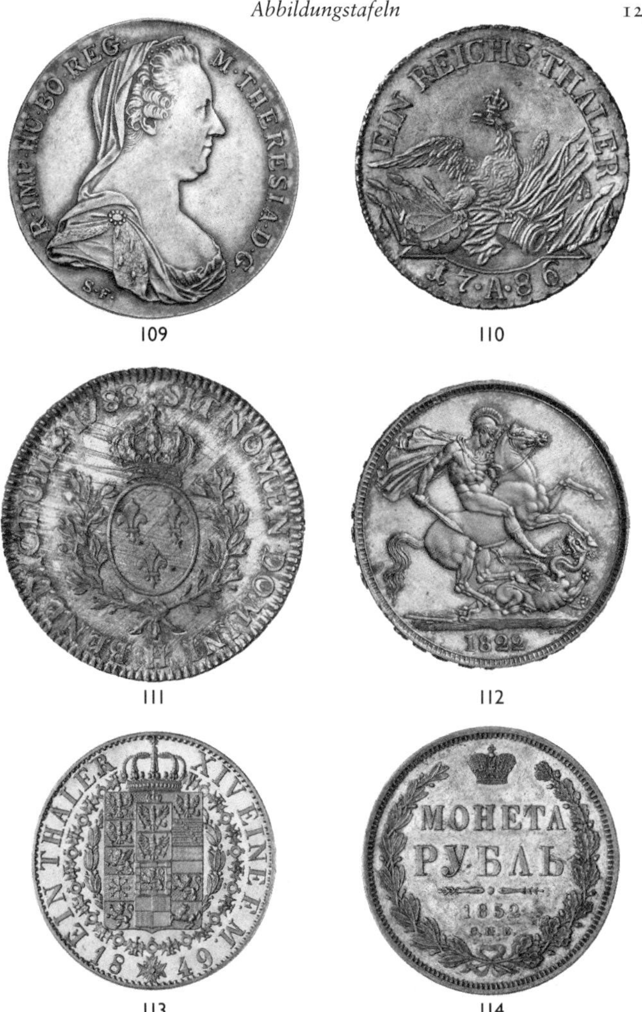

XIII. Europäische Talermünzen (18.–19. Jahrhundert)

109. Österreich. *Mariatheresientaler* 1780. 18217751. – **110**. Preußen, Friedrich der Große. *Preußischer Reichstaler* 1786. 18205929. – **111**. Frankreich. *Écu (Laubtaler)* 1788. 18201412. – **112**. Großbritannien. *Crown (Pistrucchi-Crown)* 1822. 18204746. – **113**. Preußen. *Vereinstaler* 1849. 18205960. – **114**. Russland. *Rubel* 1852. 18201562.

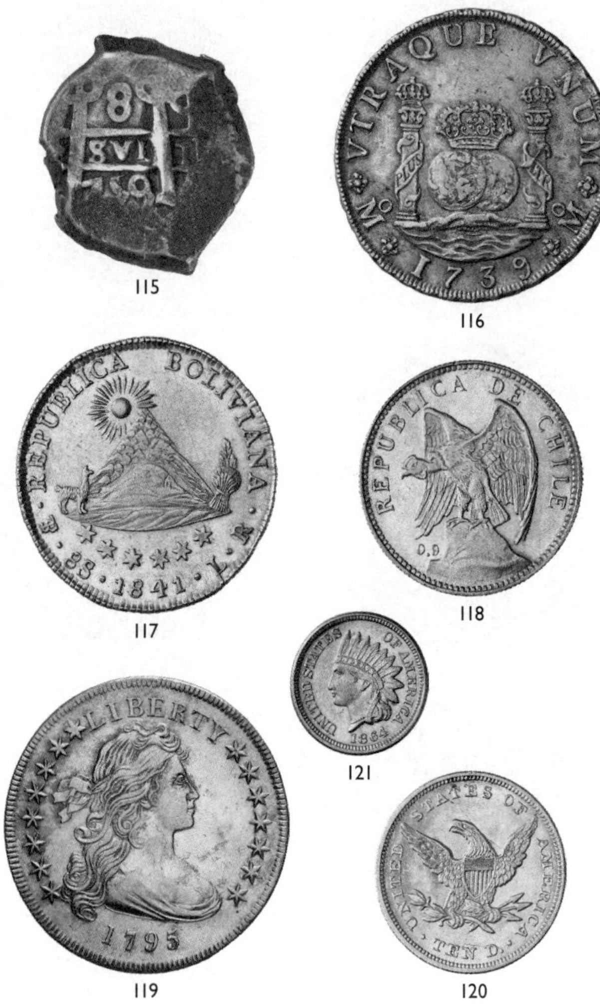

XIV. Amerika

115. Spanien/Peru. *8 Realen (Cob, Schiffspiaster).* 18252636 – **116.** Spanien/ Mexiko. *8 Realen* 1739 *(Säulenpiaster, Pillar-Dollar).* 18203951. – **117.** Bolivien. *8 Scudo* 1841. 18252637. – **118.** Chile. *Peso* 1910. 18200811. – **119.** USA. *Silberdollar* 1795. 18203917 – **120.** USA. *10 Golddollar (Eagle)* 1850. 18203913. – **121.** USA. *Cent* 1864. 18203925.

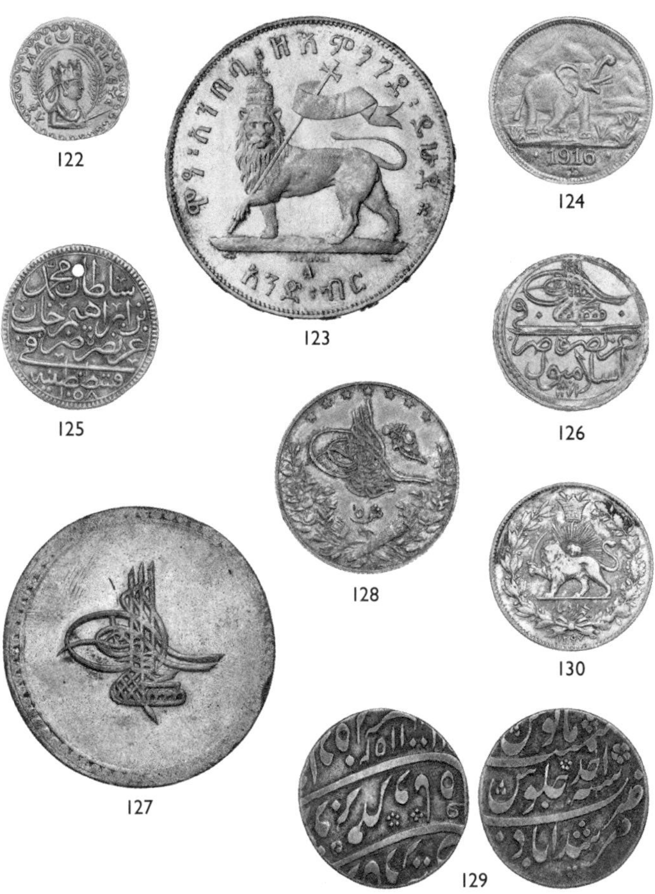

XV. Afrika, Naher und Mittlerer Osten

122. Reich von Aksum, König Aphilas. *Goldmünze*, Anfang 4. Jh. 18262627. – **123**. Äthiopien. *Birr/Talari* 1895. 18205424. – **124**. Deutsch-Ostafrika. *15 Rupien* 1915. 18252626. – **125**. Osmanisches Reich, Mehmed IV. (1648–1687). *Altun*. 18252628. – **126**. Osmanisches Reich, Mustafa III. (1757–1774). *Zer Mahbub*. 18252629. – **127**. Osmanisches Reich, Mustafa III. *Piaster*. 18252630. – **128**. Osmanisches Reich/Ägypten, Muhammad V. (1909–1914). *5 Qirsh/5 Piaster*. 18252631. – **129**. Persien, Nadir Schah (1736–1747). *Rupee/10 Shahi*. 18252632. – **130**. Persien, Nasir ed-Din Schah. *Kran/1000 Dinar*, 1296 H (1879). 18252633.

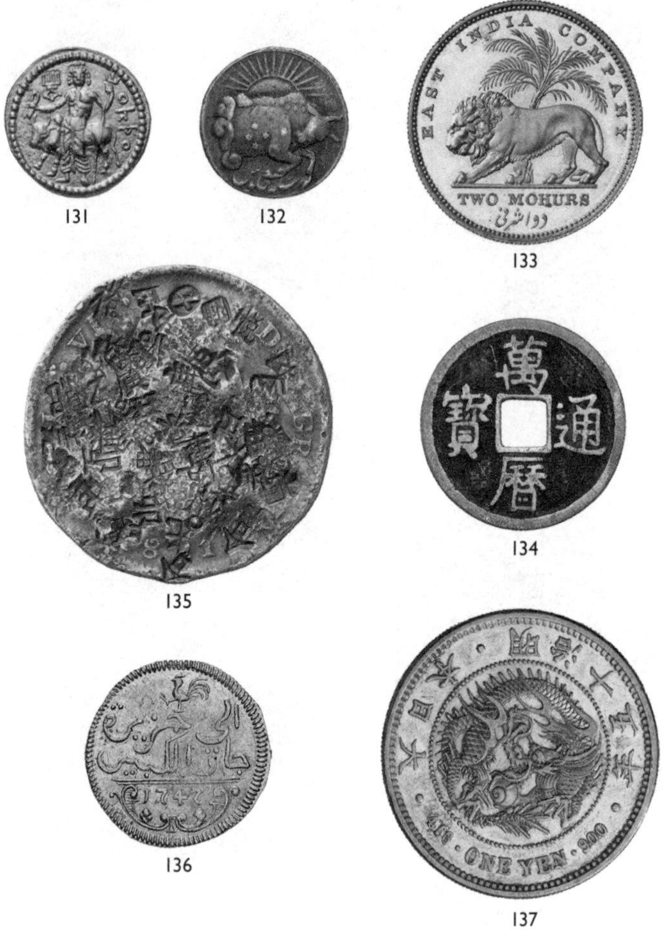

131 132 133 134 135 136 137

XVI. Ferner Osten

131. Indo-Baktrien. Kushanreich. *Goldmünze*, ca. 195–225. 18206949.
132. Indien. Mogulreich, Dschahangir. *Rupee* (Zodikalmünze) 1618. 18248193. – **133**. East India Company. *2 Mohur* 1835. 18205473. – **134**. China, Ming-Dynastie. 14. Kaiser Shen-Tsung (1573–1620). *Käschmünze*. 18252634. – **135**. China. *Spanischer Piaster* 1811 mit chinesischen Gegenstempeln. 18205678. – **136**. Java. Niederländische Ostindische Kompanie. *2 Dukaten* 1747. 18221952 . – **137**. Japan. *Yen* 1882. 18205470.

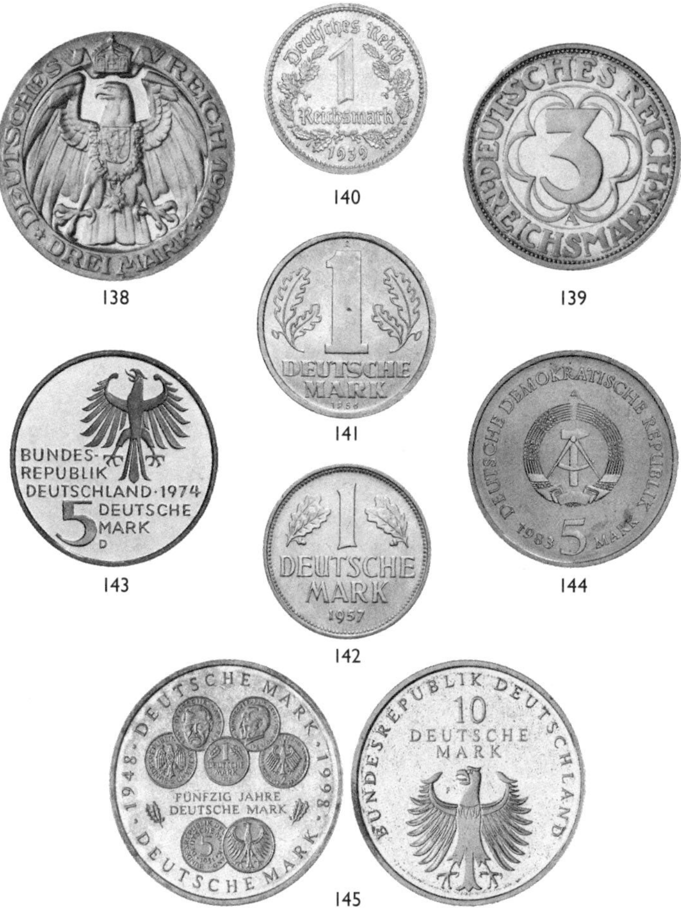

XVII. Deutschland im 20. Jahrhundert – Die Mark

138. Kaiserreich. 3 *Mark* 1910. 18200046. – **139**. Weimarer Republik. 3 *Reichsmark* 1927. 18200117. – **140**. Drittes Reich. 1 *Reichsmark* 1939. 18252635. – **141**. DDR. 1 Deutsche Mark 1956. 18220349. – **142**. BRD. 1 Deutsche Mark 1957. 18220356. – **143**. BRD. 5 Deutsche Mark 1974. 18216603.– **144**. DDR. 5 Mark 1983. 18208602. – **145**. Deutschland. 10 DM 1998. *50 Jahre Deutsche Mark*. 18203946.

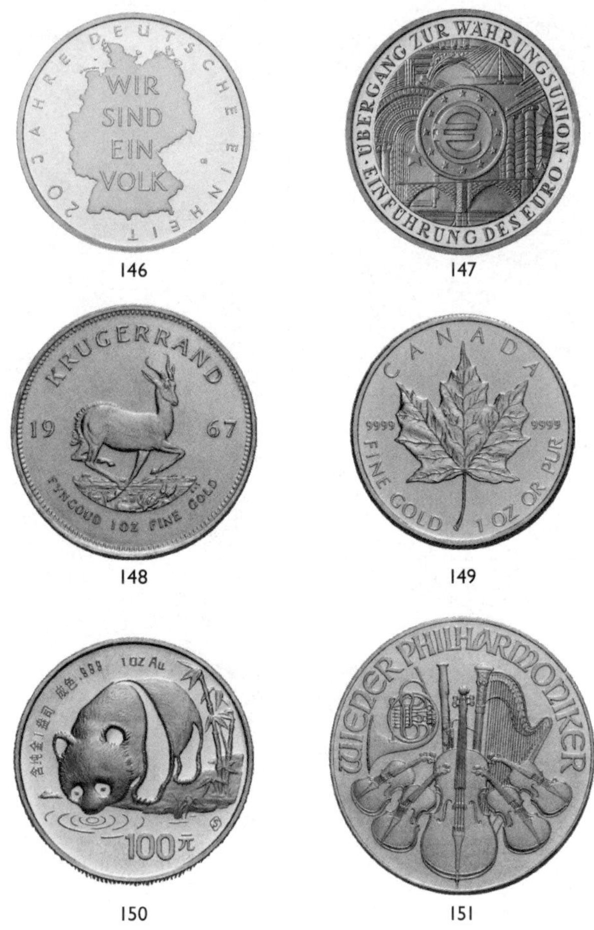

XVIII. Moderne Gedenkmünzen und Anlagegold

Gedenkmünzen: 146. Deutschland. 10 Euro 2010, *20 Jahre Deutsche Einheit.* 18225978. – **147**. Deutschland. 200 Euro 2002, *Einführung des Euro.* 18200037. **Anlagegoldmünzen zu 1 Unze Feingold: 148**. Südafrika. *Krügerrand* (seit 1967). – **149**. Kanada. 50 Dollar *Maple Leaf* (seit 1979). – **150**. China. *Panda* (100 Yuan seit 1982, ab 2001 500 Yuan). – **151**. Österreich, *Wiener Philharmoniker* (2000 Schilling seit 1989, ab 2002 100 Euro).